おいしい詰め物クックブック

肉と野菜の詰め物とシチューの芸術をマスターするための100のおいしいレシピ

スチュワート・ノートン

全著作権所有。

免責事項

この eBook に含まれる情報は、この eBook の著者が調査した戦略の包括的なコレクションとして機能することを目的としています。要約、戦略、ヒント、コツは著者による推奨事項に過ぎず、この eBook を読んでも、結果が著者の結果を正確に反映しているとは限りません。電子ブックの作成者は、電子ブックの読者に最新かつ正確な情報を提供するためにあらゆる合理的な努力を払っています。著者およびその関係者は、発見される可能性のある意図的でないエラーまたは省略について責任を負いません。電子書籍の資料には、第三者による情報が含まれる場合があります。第三者の資料は、その所有者によって表明された意見で構成されています。そのため、eBook の作成者は、第三者の資料や意見に対して責任を負わないものとします。

eBook の著作権は © 2022 にあり、無断複写・転載を禁じます。この電子ブックの全体または一部を再配布、コピー、または派生物を作成することは違法です。このレポートのいかなる部分も、著者から明示および署名された書面による許可なしに、いかなる形式でも複製または再送信することはできません。

目次

目次 3
前書き 7
1. ベーコン巻きチーズドッグ 8
2. チュニジアのフリカッセ 10
3. チキンスタッフィングサンドイッチ 13
4. さつまいもの詰め物 15
5. きのこのカレー詰め 18
6. トマトときのこ 21
7. 。安っぽいポテト 24
8. 茄子のリコッタチーズ詰め 27
9. きのこのカニ詰め 31
10. エアフライヤー カプレーゼ チキンの詰め物 34
11. エンドウ豆とカボチャのラビオリ 37
12. ピーマンの詰め物 41
13. 感謝祭きのこのぬいぐるみ 44
14. りんごのオーブン焼き 47
15. ミートボールのベーコン巻き 50
16. アドボバターターキー 53
17. アップルグレーズドターキー 57
18. アプリコット詰めコーニッシュ鶏 60
19. 感謝祭のピザ 63
20. 豚ひき肉ワンタン 66
21. チーズ詰めベーコン巻きホットドッグ 69
22. チーズ詰めベーコンチーズバーガー 72
23. 豚ヒレ肉と大根のロースト 75
24. イタリアのミートボール詰め 78

25. 詰め物パン「ロールアップ」..................81
26. 焼きブルーベリーフレンチトースト..................83
27. 北京ダック..................86
28. チョリソーハラペーニョの直火焼き..................89
29. トマトの詰め物..................92
30. ピーマンのご飯詰め..................95
31. さつまいもの詰め物..................98
32. ミントシュリンプバイツ..................101
33. 鴨の燻製..................103
34. ポークテンダーロインのグリル詰め..................106
35. 豚の王冠ロースト..................109
36. ぬいぐるみポルケッタ..................112
37. スモークシュリンプティラピア..................114
38. 魚の燻製を詰めたアボカド..................117
39. ベーコンとカキの燻製..................120
40. スモークサーモンの卵焼き..................122
41. チェコのピクルスホットドッグ..................125
42. ベーコンとオニオンスプレッド..................128
43. チェコのピクルスチーズ..................130
44. キジの燻製ピーカン詰め..................133
45. ピーカン スモーク テンダーロイン..................136
46. なすの詰め物..................138
47. 赤ピーマンの牛肉詰め..................140
48. ローズマリーのローストチキン..................143
49. イワシの詰め物..................145
50. デビルドサバ..................148
51. ブラジリアンソーセージ詰めウーフー..................151
52. ティラピアと喫茶店の詰め物..................153
53. 焼きピーマンの豆腐詰め..................156
54. 焼き豆腐角..................159
55. エビのペスト詰め..................161
56. グリルナチョス..................164

57. とうもろこしの皮の詰め物と焼き物 166
58. りんごのデザートパック 170
59. 焼きリンゴ 172
60. 焼きりんご 174
61. きのこのエビ詰め 177
62. 海老のブルーチーズ詰め 180
63. ペッパーシーフードソーセージ 182
64. ロブスターソーセージ 185
65. 焼きあさり 187
66. キノア詰めのポブラノス 189
67. キノアとフルーツの詰め物 192
68. キヌアとナッツのドレッシング 195
69. ピーマンのキヌア詰め 197
70. キノアブロッコリーラーベ 200
71. キノア詰めスカッシュ 202
72. キノア詰めタマネギ 205
73. キノアを詰めたトマト 208
74. ハーブ詰めカシューロースト 210
75. キンレンカを詰めた卵 213
76. ハーブ入りとうもろこしホタテ 216
77. ファタヤ 218
78. ふわふわあからボール 221
79. ハマグリ入りマッシュルームキャップ 224
80. タラゴンラム 227
81. コーニッシュゲームヘンとカーシャの詰め物 230
82. 詰め焼きセイタンロースト 233
83. セイタンアンクルート 236
84. 豆腐の海老詰め 239
85. 豚肉入り豆腐トライアングル 242
86. 豆腐のクレソン詰め 245
87. ほうれん草マニコッティ 248

88. オレンジソースのトルテリーニ 251
89. アーティチョークとクルミのラビオリ 254
90. 手羽先の詰め物 258
91. 地中海風ミートボールの詰め物 261
92. ミートボールのオリーブ詰め 264
93. ザワークラウトボール 267
94. 七面鳥とミートボールの詰め物 270
95. チーズ入りミートボール 273
96. チキンサラダボール 276
97. マイクログリーンのオムレツ 278
98. ルッコラのさつまいもの詰め物 280
99. マイクログリーン詰めズッキーニロール 283
100. マイクログリーンのジャガイモの巣 286

結論 290

前書き

スタッフィングまたはフィリングは食用の混合物であり、多くの場合ハーブとパンなどのデンプンで構成され、別の食品の準備で空洞を埋めるために使用されます．家禽、魚介類、野菜など、多くの食品を詰めることができます。調理技術として、詰め物は水分を保持するのに役立ちますが、混合物自体は、準備中にフレーバーを増強および吸収するのに役立ちます．

人気のあるタイプの詰め物は家禽の詰め物で、パン粉、タマネギ、セロリ、スパイス、セージなどのハーブを内臓と組み合わせたものが多い．追加には、ドライフルーツとナッツ（アプリコットやフレークアーモンドなど）、栗も含まれる場合があります．

これらの創造的なレシピは、さまざまな材料と食感を組み合わせることで、普通の料理をおいしい食事に変えることができることを証明しています．ですから、次にディナー、ランチ、またはサイドにもっと風味を加える方法を探しているが、いくつかの異なるレシピを耕す気がない場合は、「詰め物」の芸術を試してみてください．これらのオールインワンの詰め物をきっと気に入っていただけるはずです。

1. ベーコン巻きチーズドッグ

収量: 4人前

成分

- 4ホットドッグ、縦に切る
- ベーコン4枚
- スライスしたアメリカン チーズ1切れ
- ホットドッグバンズ4個
- マスタード、お好みで

方向：

a) ベーコンをラックにのせて、電子レンジで3分間、またはほぼ完了するまで加熱します。

b) ホットドッグをベーコンで包み、つまようじでとめます。

c) チーズストリップをホットドッグバンズに詰めます。

d) ラップしたホットドッグをホットドッグバンズに並べ、電子レンジラックに置きます。

e) 上にペーパータオルをかぶせ、チーズが溶けるまで電子レンジで加熱します。

2. チュニジアのフリカッセ

材料:

パンのために
- 小麦粉 5 カップ
- 卵 2 個
- イースト 大さじ 2
- 1/2 カップのオイル
- ぬるま湯 大さじ 2
- 塩 大さじ 1
- 砂糖ひとつまみ

詰め物用、グリルまたはロースト
- ハリッサソース（ホットチリソース）
- トマト 8 個
- ピーマン 4 個（赤でも緑でも）
- にんにく 8 片（みじん切り）
- マグロの 8 オンス缶 1 つ
- ゆで卵 4 個
- グリーンオリーブとブラックオリーブ
- ケーパー
- 茹でたじゃがいも 2 個
- 塩、こしょう、オリーブオイル、レモンなどお好みで

方向:

a) 大きめのボウルにイーストを大さじ2杯ぬるま湯に入れ、小麦粉大さじ1〜2杯加えてよく混ぜます。混合物薄すぎず濃すぎずにしてはいけません。布をかぶせて1時間醗酵させます。

b) その間に大きなボウル乾燥料小麦粉、塩、砂糖を混ぜます。中央に穴を開け膨剤イースト、水、小麦粉、半カップの油、卵2個加えます。手または、ミキサーで約10分間または2本の指押しても生地崩れなくなるまで生地こねます。ふたをして、暖かい場所で少なくとも1時間醗酵させます。

c) 生地2倍なびろげて、20個ボールにします。ボール細長バズ成形、暖かい場所約30分間または2倍の大きさになるまで置きます。

d) 油熱し、バズをきれいな色になるまで揚げる。

e) ペパタオルに乾かし、横半分スライスし、バリナを神たっぷりに広げお好みの詰め物をします。

f) 詰物例
トマト、ピーマン、にんにくをグリル、細く切ります。茄子さがもを2個さの目切る、ツ缶 さの目切り固ゆ卵、ケッパ、オリーブを加えることもできます。塩、こしょう、オリーブオイル少々、レモン汁数滴で味を調えます。

g) 20にします

3. チキンスタッフィングサンドイッチ

材料:

- 調理済み鶏胸肉のスライス
- スライスした白パン（食パン）
- バター
- マヨネーズ
- 詰め物

方向:

a) スライスした食パン2枚にバターとマヨネーズを塗ります。その上に焼鳥の薄切りをのせます。パセリとタイム、またはセージとタマネギの詰物をトッピングします。対角線半分に切って盛り付けます。

b) 詰物は細かく刻んだタマネギをバターで柔らかくなるまで炒めます。みじん切りにしたハーブとパン粉を加えてよく混ぜます。塩、こしょうで味をととのえ、味がなじむまでじっくりと煮る。

4. さつまいもの詰物

サービング：1

材料：

- 1カップの水
- さつまいも1個
- ピュアメープルシロップ 大さじ1
- アーモンドバター 大さじ1
- ピーカンのみじん切り 大さじ1
- ブルーベリー 大さじ2
- 小さじ1杯のチアシード
- 小さじ1杯のカレーペースト

方向：

a) インスタントポットに水1カップとスチーマーラックを入れます。

b) 蓋を閉めてサツマイモをラックに置き、リリースバルブが正しい位置にあることを確認します。

c) 手動でインスタントポットを高圧で15分間予熱します。圧力がかかるまで数分かかります。

d) タイマーが鳴ったら、10分間自然に圧力を下げます。残圧を排出する場合は、開放弁を回してください。

e) フロートバルブが下がったら、ふたを開けてサツマイモを取り出します。

f) さつまいもが冷めたら半分に切り、フォークなどでつぶす。

g) ピーカンナッツ、ブルーベリー、チアシードをトッピングし、メープル シロップとアーモンド バターをまぶします。

5. きのこのカレー詰め

サービング：5

材料：

- マヨネーズ $\frac{1}{4}$ カップ
- ガーリックパウダー 小さじ1
- みじん切りにした小さな黄玉ねぎ1個
- 24オンス ホワイト マッシュルーム キャップ
- 水1カップ半
- 塩、黒胡椒で味を調える
- 小さじ1杯のカレー粉
- 4オンスのクリームチーズ、ソフト
- $\frac{1}{4}$ カップのココナッツクリーム
- 細切りにしたメキシカンチーズ $\frac{1}{2}$ カップ
- えび1カップ

方向：

a) マヨネーズ、ガーリック パウダー、玉ねぎ、カレー パウダー、クリーム チーズ、生クリーム、メキシカン チーズ、エビ、塩、コショウを混ぜ合わせ、きのこを詰めます。

b) インスタントポットの半分まで水を入れ、スチーマーバスケットを中に入れ、マッシュルームを加え、蓋をして強火で **14** 分間調理します.

c) きのこを皿に並べて前菜としてお召し上がりください。

6．トマトとなす

サービング：4

材料：

- トマト 4 個、ヘタを切り取り、果肉をすくう
- 水 $\frac{1}{2}$ カップ
- 塩、黒胡椒で味を調える
- 1 黄玉ねぎ、みじん切り
- 油 大さじ 1
- 刻んだセロリ 大さじ 2
- きのこ $\frac{1}{2}$ カップ、みじん切り
- カッテージチーズ 1 カップ
- キャラウェイシード 小さじ $\frac{1}{4}$
- パセリのみじん切り 大さじ 1

方向：

a) インスタントポットをソテーモードに予熱し、油を加えて加熱し、玉ねぎとセロリを加えてかき混ぜ、3 分間調理します。

b) トマトの果肉、マッシュルーム、塩、コショウ、チーズ、パセリ、キャラウェイ シードを入れてよくかき混ぜ、さらに 3 分間煮てからトマトを詰めます。

c) インスタントポットに、水、蒸し器のバスケット、トマトの詰め物を入れ、蓋をして強火で 4 分間調理します。

d) 前菜として、皿にトマトを並べます。

7. 安ぼポテト

サービング：5

材料：

- 中じゃがいも 5 個
- 水 2 カップ
- 1/4 カップのチェダーチーズ；細断された
- 1/4 カップのモッツァレラチーズ；細断された
- 赤唐辛子フレーク 小さじ 1
- 小さじ 1 杯。カレー粉
- バター 大さじ $1\frac{1}{2}$
- 塩とコショウの味

方向：

a) じゃがいもは真ん中に刺し、上部に切り込みを入れる。

b) じゃがいもにチーズ、バター、塩、コショウ、カレー、コショウのフレークを加えます。

c) インスタントポットの中に蒸し器のゴトクを置き、水を入れます。

d) じゃがいもの詰め物を五徳の上に、刺した面を上にして置きます。

e) インスタントポットのふたを閉め、高圧で20分間調理します。

f) 自然なリリースを行い、タイマーが鳴ったらインスタント鍋の蓋を開けます。

g) じゃがいもを皿に移し、塩、こしょうで味をととのえる。

8. 茄子のリコッタチーズ詰め

収量: 12

総時間：1 時間 58 分

材料：

- 中なす 1 個
- 海塩

充填

- 6 オンス。リコッタチーズ
- パルメザンチーズ 1/4 カップ
- 生パセリ 大さじ 3
- ガーリックパウダー 小さじ 1
- 卵 1 個

パン粉

- 卵 2 個
- 豚皮のパン粉 1.5 カップ
- イタリアンシーズニング 小さじ 2
- 1/4 カップのパルメザンチーズ（パン粉用）

方向：

a) ナスを 1/2 インチの輪切りにします。ペーパータオルを敷いた天板に並べ、上から海塩をふりかける。その上にペーパータオルを置き、別のベーキングシートを置きます。ボウルまたは皿を追加して鍋の重さを量り、余分な水を 30 分間抽出します。

b) スライスしたナスが汗を流している間に、リコッタ チーズ、パルメザン チーズ、パセリ、卵 1 個をボウルに入れ、混ぜ合わせます。

c) なすからペーパータオルを外し、余分な塩をふき取ります。各ラウンドの上に大さじ山盛りのリコッタチーズの混合物を広げ、バターナイフでナス全体に均等に広げます. すべてのナスのスライスで繰り返します。

d) リコッタチーズを重ねたナスの輪切りを天板に並べ、冷凍庫に入れて固めます。

e) 固まったら、卵 2 個を皿に加え、豚の皮、1/4 カップのパルメザンチーズ、イタリアの調味料を別の皿で混ぜ合わせます. なすの各部分を卵液でコーティングし、次に豚皮の混合物でコーティングします。必要に応じて押し下げて均一にコーティングします。

f) 各ラウンドを天板に戻し、再び冷凍庫に入れ、約 30～45 分間冷やします.

g) エアフライヤーで華氏 **375** 度でわずか **8** 分間加熱するだけで、クリスピーな黄金色のコーティングと完璧に調理されたナスを得ることができます。

9．きのこ詰め

合計時間: 31 分

収量: 3 人分

材料:

- 8 オンスのキノコ

詰め物:

- 8 オンスのカニ肉、みじん切り
- ネギ 2 本、細かく刻む
- マヨネーズ 1/4 カップ
- パルメザンチーズ 1/3 カップ
- パセリ 小さじ 1
- パプリカ 小さじ 1/4
- 塩こしょうをひとつまみ

方向:

a) エアフライヤーを 380 度に予熱します。

b) きのこは湿らせたペーパータオルで拭いてきれいにします。きのこのヘタを切り落とし、スプーンを使って内側のえらを取り除きます。

c) エアフライヤーにクッキングスプレーを軽くスプレーするか、ホイルを敷きます。

d) 中くらいの大きさのボウルに、詰め物の材料を混ぜ合わせます。

e) 各キノコにカニの詰め物を均等に詰めます。

f) エアフライヤーにきのこを単層で追加します。重ねないでください。使用しているキノコのサイズによっては、バッチでこれを行う必要がある場合があります．

g) 9分間、または詰め物が茶色になり、きのこが柔らかくなるまで調理します．

10. エアフライヤーカプレーゼチキンの詰物

合計時間: **35** 分

収量: **23** 人前

材料：

- 骨と皮のない大きな鶏の胸肉 2 枚 (約 1 ポンド)
- スライスしたローマトマト 1 個
- 約 1/4 インチの厚さにスライスした 1/4 ポンドの新鮮なモッツァレラチーズ
- フレッシュバジルの葉 6 枚
- イタリアンシーズニング 大さじ 1
- 塩 小さじ 1
- 小さじ 1/2 コショウ
- エクストラバージンオリーブオイル 小さじ 1
- バルサミコ酢 小さじ 1（お好みで）
- 塩こしょう ひとつまみ

方向：

a) 鶏肉のカプレーゼ詰めを準備する：各鶏胸肉の厚い側に幅の広いポケットをスライスし、ほぼ反対側まで切りますが、完全には切り込みません。バタフライチキンを開きます。鶏肉に油をまんべんなくまぶし、塩、こしょうで味をととのえる。

b) 鶏むね肉の右半分に、モッツァレラチーズ、トマトスライス、フレッシュバジルを重ねる。

c) バターフライド チキンの左側を右側の上に慎重に折り、つまようじ 24 本で閉じます。

d) 各胸肉の上部にイタリアの調味料と塩とコショウのピンチで味付けします。

e) それぞれの味付けした鶏の胸肉の上にクッキングスプレーをスプレーします。

f) エアフライヤーを華氏 350 度に予熱します。

g) エアフライヤーのライナーまたはホイルでバスケットを並べます。準備した鶏胸肉の詰め物を追加します。

h) 350 度 2530 分、または鶏肉の内部温度が華氏 165 度に達するまで調理します。

i) 提供する前にバルサミコ酢をまぶします（使用する場合）．

11. エンドウ豆とカボチャのラビオリ

4人分

材料

- 缶詰のカボチャピューレ 1 カップ
- 木綿豆腐 1/2 カップ、砕く
- 新鮮なパセリのみじん切り 大さじ 2
- ナツメグをつまむ
- 塩と挽きたての黒胡椒
- 1 卵不使用パスタ生地
- スライスしたミディアム エシャロット 2〜3 個
- 解凍した冷凍ベビーエンドウ豆 1 カップ

方向

a) ペーパータオルを使用してカボチャと豆腐から余分な水分を取り除き、フードプロセッサで栄養酵母、パセリ、ナツメグ、塩、コショウで味を調えます。脇に置きます。

b) ラビオリを作るには、軽く打ち粉をした表面でパスタ生地を薄く伸ばします。生地を切る

c) 2インチ幅のストリップ。小さじ 1 山盛りの詰め物を、上から約 1 インチのパスタストリップ 1 本に置きます.

d) 小さじ1杯のフィリングを、最初のフィリングの約1インチ下のパスタストリップに置きます。

e) 生地ストリップの全長に沿って繰り返します。生地の端を水で軽く濡らし、最初のパスタの上に2番目のパスタを置き、フィリングを覆います．

f) フィリングの部分の間で生地の2つの層を一緒に押します。ナイフを使用して生地の側面を整えてまっすぐにし、フィリングの各山の間で生地を横切って切り、四角いラビオリを作ります。

g) 密封する前に、詰め物周辺の空気ポケットを押し出してください。フォークの先を使って生地の端に沿って押し、ラビオリを密封します。

h) ラビオリを打ち粉をした皿に移し、残りの生地とソースで繰り返します。脇に置きます。

i) 大きなフライパンで、油を中火で熱します。エシャロットを加え、ときどきかき混ぜながら、エシャロットが濃い黄金色になるが焦げ付かない状態になるまで、約15分間調理します。えんどう豆を入れて混ぜ、塩、こしょうで味をととのえる。非常に弱火で保温してください。

j) 沸騰した塩水の入った大きな鍋で、ラビオリが上に浮き上がるまで約5分間調理します。よく水気を切り、エシャロットとエンドウ豆と一緒に鍋に移します。

k) 1〜2分間調理して味を混ぜ合わせてから、大きなサービングボウルに移します．

l) たっぷりの胡椒で味付けして、すぐにお召し上がりください。

12. ピーマンの詰め物

収量：ピーマンの詰め物 6 個

合計時間: 50 分

難易度：普通

材料

- 6 大赤ピーマン
- 1 ポンドのスライスしたキノコ、
- ココナッツオイル 小さじ 1
- ½ カップのコーンブレッドクラム
- 米ぬか油 大さじ 1
- 皮をむいてすりおろした新鮮な生のビート 1 カップ
- 玉ねぎ 1/2 個、薄切り
- 野菜スープ 1 カップ

方向：

a) オーブンを 375°F に予熱します。

b) フライパンにココナッツオイルを熱し、きのこを炒める。

c) 各コショウのてっぺんを取り除きます。コショウの中身を取り除き、きれいにします。

d) 大きなミキシング ボウルで、他のすべての材料を混ぜ合わせます。塩こしょうで味を調えます。

e) ピーマンに混合物をゆるく詰め、ベーキングパンに並べます。

f) 鍋の底に1インチのお湯を入れます。

g) 45分間焼きます。

h) 鍋を火から下ろし、サーブします。

13. きのこのぬいぐるみ

収量: 4

合計時間: 20 分

難易度：普通

材料

- クレミニまたはホワイト マッシュルーム 8 個
- ½カップのコーンミール
- ココナッツミルク 1 カップ
- 細切りレッドビーツ 1 カップ
- 千切りにんじん ½カップ

方向：

a) きのこから茎を取り除き、ブラシで取り除き、洗い、天板に丸めた面を上にして置き、475°Fで5分間焼きます．

b) きのこの茎、コーンミール、ビーツ、にんじん、ココナッツミルクをフードプロセッサーで混ぜ合わせます。

c) 小さなフライパンで5分間詰め物を調理します。マッシュしてペースト状にする。

d) オーブンからキャップを外し、マッシュルームのキャップにゴルフボール大のフィリングをスプーンで 1 杯入れます。

e) オーブンを 400°F に予熱し、詰めたマッシュルーム キャップを 15 分間焼きます。

f) オーブンから取り出し、バジルを飾り、すぐにお召し上がりください。

14. りんごのオーブン焼き

収量: 4

合計時間: 30 分

難易度：簡単

材料：

- 芯のある大きなリンゴ 4 個
- ブラウンシュガー 大さじ 4
- ブラックストラップ糖蜜 小さじ 1 杯
- 有機白砂糖 大さじ 1
- シナモン 小さじ 1/8
- ココナッツオイル 小さじ 1
- 細かく刻んだクルミ 1/4 カップ
- みじん切りにしたデーツまたはレーズン 大さじ 1
- 1/4 カップのお湯

方向：

a) ミキシングディッシュで、ペーストが形成されるまで、水以外のすべての材料を混ぜ合わせます。

b) 鍋の半分まで水を入れ、りんごを入れる。

c) りんごの真ん中にペーストを詰める

d) 350度Fで30分間焼き、串で柔らかさをチェックします。

e) 液体を鍋に注ぎ、沸騰させてシロップにします。

f) りんごにシロップをかけてお召し上がりください。

15. ベーコン巻きミートボール

収量: 10

合計時間: 30 分

難易度：簡単

材料

- 1 パッケージ (26 オンス) ミートボール
- 細切りにしたベーコン 1 パック
- ハニーBBQ ソース 1 本

方向：

a) オーブンを華氏 400 度に予熱します。

b) 17 インチ x 11 インチの天板に羊皮紙を敷きます。

c) 各ミートボールにベーコンスライスの 3 分の 1 を巻き付け、つまようじで留めます。

d) 包んだミートボールを羊皮紙の上に単層で置き、20〜25 分間、またはベーコンに火が通るまで焼きます.

e) フライパンからミートボールを取り出し、ハニーBBQ ソースを塗ります。

f) ミートボールをオーブンに戻し、さらに 5 分間、BBQ ソースをカラメル状にします。

16. ~~アボタタキー~~

収量：6〜8人前

材料
アドボソースに

- 乾燥パシラチリ 4 個
- 乾燥アンチョーチリ 3 個
- 乾燥チポトレチリ 2 個
- にんにく 4 かけ
- リンゴ酢 1/4 カップ
- オレンジジュース 大さじ 5
- オリーブオイル 大さじ 2
- フレッシュオレガノ 大さじ 1
- 乾燥タイム 小さじ 2
- クミン 小さじ 1
- シナモン 小さじ $\frac{1}{2}$ オールスパイス 小さじ $\frac{1}{2}$
- クローブ 小さじ $\frac{1}{4}$

七面鳥のために

- 1 12〜14 ポンドの七面鳥

- コーシャーソルトとコショウ、お好みで
- にんにく4個（半分に切る）
- 6クレメンタイン、半分

アドボバターの場合：

- 室温に戻した無塩バター1カップ
- アドボソース $\frac{1}{4}$カップ

方向：

a) オーブンを華氏350度に予熱します。

b) アドボソースを作る：ブレンダーですべての材料を混ぜ合わせ、滑らかになるまでピューレにします。1/4カップのアドボソースは取っておきます。

c) アドボ バターを作るには、バターと予約済みの14カップのアドボ ソースをミキサーでクリーム状になるまでブレンドします。

d) ローストパンで七面鳥全体（内側と外側）をアドボソースで覆います．

e) 七面鳥を一晩冷蔵庫に入れ、ローストパンの蓋またはラップで覆います．

f) 冷蔵庫から七面鳥を取り出し、カウンターの上で1時間休ませます。

g) にんにくとクレメンタインを鳥のくぼみに詰めます。

h) 鳥の外側にコーシャーソルトとコショウで味付けします。必要に応じて、鳥の足を結びます。

i) 約3時間半、または鶏肉の内部温度が160度に達するまでローストします。

j) 彫刻する前に、調理した七面鳥を休ませるために少なくとも30分間待ちます

17. アップルグレーズタキー

収量: 8 人前

合計時間: 4 時間

難易度：普通

材料

- 1 (12 〜 14 ポンド) の七面鳥
- 塩 小さじ 1
- 黒こしょう 小さじ 1/2
- リンゴ 3 個（芯を取り、4 等分）
- 1 (12 オンス) 濃縮リンゴジュース
- チキンスープ 1 3/4 カップ
- こすりセージ 小さじ 1 と 1/2

方向：

a) オーブンを 325°F に予熱します。
b) フライパンにアルミホイルを敷きます。
c) 七面鳥を予熱したローストパンに入れ、内側と外側の両方に塩とコショウで味付けします。空洞にリンゴを詰めます。
d) リンゴ濃縮果汁を七面鳥の上に注ぎ、鍋にチキンブロスを入れます。

e) ホイルでゆるく覆い、3時間ローストし、30分ごとにパンジュースを塗ります.
f) ホイルを取り外し、さらに30〜60分間、または七面鳥がピンク色ではなくなり、肉汁が透明になり、もも肉の最も厚い部分に挿入された肉用温度計が華氏180〜185度になるまでローストを続けます。
g) カットする前に、15〜20分間休ませます。

18. アプリコット詰めコーニッシュ鶏

収量: 6 人前

合計時間: 1 時間 10 分

難易度：普通

材料

- アプリコットネクター 3 カップ
- バター 大さじ 3
- 3 カップの詰め物ミックス
- 刻んだアーモンド 大さじ 3
- 6 (1 ポンド) コーニッシュ鶏
- 鶏肉の調味料 大さじ 1
- 小さじ 1 と 1/2 の塩
- 植物油 大さじ 2
- ハニー

方向：

a) オーブンを華氏 350 度に予熱します。

b) 1-1/2 カップのネクターとバターを中型の鍋に入れ、中火で沸騰させます。

c) 鍋を火から下ろし、詰め物ミックスとアーモンドを泡だて器で混ぜます。カバーして5分間置いておきます。

d) 1/2カップの詰め物を各鶏に詰めます。

e) 鶏肉の調味料、塩、油を小さなボウルまたはカップに入れ、各鶏をよくこすります。

f) 大きなローストパンの底にある残りの1-1/2カップのネクターに鳥を置きます．

g) 30分間ローストし、次にハチミツを塗り、さらに30分間、または皮が黄金色になるまでローストします．

h) サイドにドリップを添えます。

19. 感謝ピザ

収量: 8 切れ

合計時間: 20 分

難易度：普通

材料：

- 1 フラットブレッドスタイルのピザクラスト
- クランベリーソース 3/4 カップ
- 1.5〜2 カップ 七面鳥の丸焼き、細切り
- 2- 2.5 カップ シャープ ホワイト チェダー、細切り
- 調理済みの詰め物 1.5〜2 カップ
- グレービー 1 カップ

方向：

a) オーブン (またはグリル) を華氏 425 度に予熱します。

b) ピザ生地の上にクランベリーソースを塗る。

c) クランベリーソースの上に七面鳥の細切りをのせ、軽く押さえる。

d) フィリングを七面鳥の上に置き、軽く押します。

e) 細切りチーズをのせて、8分間、またはチーズが溶けるまで焼きます。

f) ピザを焼いている間に肉汁を加熱します。

g) ピザの上に肉汁を大きく渦巻きます。

h) 飾りとしてパセリを添えて。

20. 豚肉巾着

材料:

- 生姜 2 オンス片 (皮むき)
- 水 1/4 カップ
- 16 オンスの豚ひき肉、理想的には約 30% の脂肪分
- 溶き卵 1 個
- ごま油 大さじ 1
- 小さじ 1 杯のライスワインまたはドライシェリー
- 小さじ 3/4 の塩
- 白胡椒 小さじ 1/4
- チキンストックまたはポークストック 大さじ 3
- 市販のワンタンの皮 100 枚

方向:

a) しょうがをよくつぶして風味を出し、1/4 カップの水に浸す。
b) 豚ひき肉にしょうが風味汁、溶卵、ごま油、酒、塩、白こしょうを混ぜ合わせる。チキンストックまたはポークストックを少しずつ加えて、ミックス水を加えます。
c) ワンタンの皮を用意し、大さじ 1/2 ほどの具を置きます。包紙を三角折って包みます。両端軽く押してシールします。
d) 三角の両端持ち、先端合わさって少し重なるまで折ります。端押でシールします。
e) 沸騰したお湯大きな鍋用意してください。
f) 餃子を一度数個ずつ水に入れ、密集ないようそっと入れ、具が完全に調理されるまで (約 3 分) 沸騰させます。

g) 水気を切り、調味めしにのせます。軽く混ぜます。

h) 必要に応じて、みじん切りのねぎまたはコリアンダー、または細かく刻んだ生のにんにくをまぶしょうが飾りします。

21. チーズ詰めベーコン巻きホットドッグ

材料

- 6 ホットドッグ
- ベーコン 12 枚
- 2 オンス。チェダーチーズ
- ガーリックパウダー 小さじ 1/2
- オニオンパウダー 小さじ 1/2
- 塩とコショウの味

方向

a) オーブンを 400F に予熱します。すべてのホットドッグに切り込みを入れて、チーズが入るスペースを作ります。
b) 2 オンスをスライスします。ブロックからチェダーチーズを小さな長い長方形に詰め、ホットドッグに詰め込みます。
c) ホットドッグの周りにベーコンのスライスをしっかりと巻き付けることから始めます．
d) ベーコンの 2 番目のスライスをホットドッグの周りにしっかりと巻き付け、最初のスライスと少し重なるようにします。
e) ベーコンとホットドッグの両側につまようじを刺し、ベーコンを所定の位置に固定します。

f) クッキングシートの上にあるワイヤーラックにセットします。ガーリック パウダー、オニオン パウダー、塩、コショウで味付けします。

g) 35～40分、またはベーコンがカリカリになるまで焼きます。さらに、必要に応じてベーコンを上に焼きます。

h) おいしいほうれん草のクリームを添えて！

22. チーズ詰めベーコンチーズバーガー

材料

- 8オンス。牛ひき肉
- 調理済みのベーコン 2 枚
- 1オンス。モツァレラチーズ
- 2オンス。チェダーチーズ
- 塩 小さじ 1
- 小さじ 1/2 コショウ
- ケイジャンシーズニング 小さじ 1
- バター 大さじ 1

方向

a) 牛ひき肉に調味料を全て入れて軽く混ぜ合わせる。
b) 1オンスの立方体でチーズを準備します。モッツァレラ、スライス 2 オンス。チェダーの。
c) 牛ひき肉でザラザラしたパテを作り、中にモッツァレラチーズを挟んでチーズを包みます。
d) フライパンに大さじ 1 杯のバター（バーガーあたり）を熱し、泡立って熱くなるまで待ちます。
e) パンにハンバーガーを追加します。
f) クローシュで覆い、2〜3 分間調理します。
g) バーガーをひっくり返し、チェダーチーズをのせます。再びクローシュを上に置き、好みの温度になるまで約 1〜2 分加熱します。
h) ベーコンスライスを半分に切り、ハンバーグの上にのせます。楽しみ！

23. 豚ロース肉詰物大根ロースト

材料
豚肉の詰め物

- 2 lb. ポーク テンダーロイン
- コーシャーソルト 小さじ 3
- コショウ小さじ 1
- オニオンパウダー 小さじ 1 1/2
- 小さじ 1 杯のガーリックパウダーと小さじ 2 杯のタイムと小さじ 2 杯のローズマリー
- 1 lb. ひき肉ソーセージ
- オズ。ベビーベラキノコ
- 3 オンス ほうれん草
- タイム 小さじ 1/2
- ローズマリー 小さじ 1/2
- ガーリックパウダー 小さじ 1/4
- オニオンパウダー 小さじ 1/4
- 塩とコショウの味

ローストラディッシュ

- 16 オンス。赤大根
- ダックファット 大さじ 4
- ローズマリー 小さじ 1
- 塩とコショウの味

方向

a) 豚ひ肉をタフライすることから始めます。これは2 つの方法いずれかで実行できます。

b) 最初の方法はナイフをテンダーロインの高い約1インチ離したことです。カバーのようにゆっくりとロールアウトします。もう一つはカットにすると、豚肉の1から3分1のところをカット。写真のよう半分広げ厚方同様に広げます。
c) これにより長テンダーロインができ、塩、コショウ、オニオンパウダー、ガーリックパウダー、タイム、ローズマリーで両面味付けできます。きのこをスライスし、オーブンを400Fに熱します。
d) フライパンで中火でソーセージを調理し始めます。ソーセージが茶色くなり始めたら、スパチュラで挽き、マッシュルーム、塩、コショウ、オニオンパウダー、ガーリックパウダー、タイム、ローズマリー、お好みの調味料足します。
e) ほうれん草鍋入れ、しばくしおれさせます。全体均一なるよう混ぜ合わせます。
f) 混合物テンダーロインの上に全体均一広げます。
g) 豚肉の小さい方から大きい方巻きます。肉屋ネットでなか麻ひもで結びオーブンに入れます。これを400Fで50～60分間または温度が140Fになるまで調理します。
h) その間、すべての根を半分に切り、アヒルの脂肪、塩、コショウ、ローズマリーと一緒に袋入れます。豚肉に火が通って間この状態で置きます。
i) 豚肉に火が通ったら、オーブンから取り出し、オーブンを450°Fにします。豚肉をホイルで包んで休ませ、大根を30～35分ローストする
j) あなたの脂肪が蘇ってください。これ添える私のお気に入りはほうれん草のクリームです。

24. イタリアのミートボール詰め

材料

- 1 1/2 lb. 牛ひき肉 (80/20)
- オレガノ 小さじ 1
- 小さじ 1/2 イタリアンシーズニング
- にんにくのみじん切り 小さじ 2
- オニオンパウダー 小さじ 1/2
- トマトペースト 大さじ 3
- 亜麻仁ミール 大さじ 3
- 卵大 2 個
- スライスしたオリーブ 1/2 カップ
- モッツァレラチーズ 1/2 カップ
- ティースプーン 1 杯のウスターソースが届きました。
- 塩とコショウの味

方向

a) 大きなミキシング ボウルに、牛ひき肉、オレガノ、イタリア シーズニング、ガーリックとオニオン パウダーを加えます。手でよく混ぜます

b) 卵、トマトペースト、亜麻仁、ウスターを肉に加えて、もう一度混ぜます。

c) 最後に、オリーブを細かくスライスし、細切りモッツァレラチーズと一緒に肉に加えます. すべてをよく混ぜます。

d) オーブンを華氏 400 度に予熱してから、ミートボールの形成を開始します。合計で約 20 個のミートボールになります。これらをホイルで覆われたクッキーシートに置きます
e) ミートボールを 16 ～ 20 分間、または好みの焼き加減になるまで焼きます。
f) 下にシンプルなほうれん草のサラダを添えて、クッキーシートから余分な脂肪を振りかけます．

25. 詰物入りロールアップ

サービング: 8

材料

- パン生地
- ほうれん草 $\frac{3}{4}$ カップ
- すりおろしたモッツァレラチーズ $\frac{1}{2}$ カップ
- 乾燥ハーブ 小さじ $\frac{1}{2}$
- 小さじ $\frac{1}{2}$ ガーリックパウダー
- 白こしょう 小さじ $\frac{1}{2}$

- 味付けとして塩
- お好みでクリームチーズ 大さじ1

方向

a) 生地を8等分に切る。

b) ボール状に丸め、軽く粉を振ったベーキングシートの上に置き、30分間置いて発酵させます．

c) 手のひらで各ボールを平らなディスクに押し込みます。具材を生地の中央に置き、丸めて円柱状にします。

d) それらを小麦粉をまぶしたフライパンに置き、慎重に間隔をあけ、継ぎ目を下にして、さらに30分間発酵させます．

e) 発酵後、約20分間薪オーブンに入れます。

f) 冷ましてからお召し上がりください。

26. 焼きブルーベリーのフレンチトースト

サービング：2

材料

- スライスした焼きたての全粒粉パン 8 枚
- 泡立てた大きな卵 5 個
- 牛乳 44ml
- メープルシロップ 85g
- 海塩小さじ $\frac{1}{4}$
- 小さじ 1/2 の挽いたシナモン
- ブルーベリー 125g
- オリーブオイル 大さじ 6
- バター 8 滴

方向

a) 大きな鋳鉄製のフライパンまたは大皿にオリーブオイルを垂らします。

b) 大きなミキシングディッシュに卵、牛乳、メープルシロップ、塩、シナモンを入れて混ぜる。

c) パンの各スライスをソースに浸します。

d) パンを鍋に入れ、卵の混合物に 5〜10 分間浸します。

e) パンの上にブルーベリーをのせます。

f) オーブンの余熱で卵液が染み込み、パンがきつね色になるまで焼きます。

g) オーブンから取り出し、メープルシロップとバターをまぶす。

27. 北京ダック

サービング：4-6

材料

- 4½ポンド アヒル全体
- 液体はちみつ 大さじ2
- 四川胡椒 大さじ1
- 海塩 大さじ1
- 中華五香粉 大さじ1
- 重曹 大さじ1
- ねぎ6個（粗みじん切り）
- 3½オンスの生姜、大まかにみじん切り

奉仕する

- パンケーキ
- 長ねぎ1束
- きゅうり1/2本、細切りにする
- 海鮮ソース

方向

a) アヒル全体に蜂蜜をマッサージします。

b) すりこぎとすり鉢で、四川胡椒と海塩を粗い粉末に砕きます。中華五香粉とベーキングパウダーを混ぜ合わせる。

c) 混合物をアヒルに均等に広げ、蜂蜜の皮にマッサージします。

d) ネギとショウガの半分を空洞に詰めます。

e) 熱した木製オーブンで 25 〜 40 分間ローストします。

f) 途中で鴨をひっくり返し、下面もカリカリに焼き上げます。

28. チョリソハラペーニョの直焼き

サービング：4

材料

- 新鮮なハラペーニョ 9 個
- 1/2 lb. チョリソー、調理して水気を切ったもの
- 千切りチワワチーズ 1 カップ
- 玉ねぎのみじん切り 1 個
- コリアンダー 1 束、みじん切り

方向

a) 屋外の木製オーブンを華氏 500 度に予熱します。

b) 各ハラペーニョの茎の端を切り取り、小さなスプーンまたはナイフで種と軟骨を取り除きます。

c) 残りの材料を混ぜ合わせ、それぞれのハラペーニョを詰めます。

d) ピーマンの詰め物をオーブンで使用できるラックに置きます。

e) オーブンの口にラックを置きます。

f) 裏返す前に 4 分間調理します。

g) さらに4分間調理を続けます。

h) オーブンから取り出し、冷ましてからお召し上がりください。おいしい！

29. トマトの詰め

材料

- 小さいトマト 8 個、または大きいトマト 3 個
- 固ゆで卵 4 個、冷やして殻をむく
- アイオリまたはマヨネーズ 大さじ 6
- 塩とコショウ
- パセリのみじん切り 大さじ 1
- 大きなトマトを使用する場合は、白いパン粉を大さじ 1 杯

方向：

a) 沸騰した鍋で 10 秒間皮をむいた後、トマトを氷水または非常に冷たい水を入れた洗面器に入れます。

b) トマトのヘタを切り落とします。小さじ 1 杯または小さくて鋭いナイフを使用して、種と内部をこすり落とします。

c) 卵をアイオリ（使用する場合はマヨネーズ）、塩、コショウ、パセリと一緒にミキシング ボウルでつぶします。

d) トマトにフィリングを詰め、しっかりと押さえます。小さなトマトのふたを軽快な角度で交換します。

e) トマトを上まで詰め、平らになるまでしっかりと押します。よく切れるカービング ナイフを使用して輪切りにする前に、1時間冷蔵します。

f) パセリを飾る。

30. ピーマンの肉詰め

サービング：4

材料：

- 1 ポンド 2 オンス ボンバやカラパラなどの短粒のスペイン米
- オリーブオイル 大さじ 2〜3
- 4 つの大きな赤ピーマン
- 1 小さな赤唐辛子、みじん切り
- 玉ねぎ 1/2 個、みじん切り
- トマト 1/2 個（皮をむき、みじん切り）
- 5 オンス。ミンチ/チョップポークまたは 3 オンス。塩タラ
- サフラン
- 生パセリのみじん切り
- 塩

方向：

a) ピーマンのヘタの先を切り落とした後、小さじ 1 杯で内膜をこそげ取り、蓋として取っておきます。

b) 油を熱し、赤ピーマンをしんなりするまでじっくり炒める。

c) 玉ねぎがしんなりするまで炒め、肉を加えて軽く焦げ目をつけ、数分後にトマトを加え、調理したコショウ、生米、サフラン、パセリを加えます。塩で味を調えます。

d) ピーマンを慎重に詰め、中身がこぼれないように注意しながら、オーブン対応の皿に横向きに置きます。

e) 蓋をしたオーブンで約1時間半調理します。

f) ご飯はトマトとピーマンの汁で炊きます。

31. さつまいもの詰物

サービング：**1**

材料：

- 1カップの水
- さつまいも1個
- ピュアメープルシロップ 大さじ1
- アーモンドバター 大さじ1
- ピーカンのみじん切り 大さじ1
- ブルーベリー 大さじ2
- 小さじ1杯のチアシード
- 小さじ1杯のカレーペースト

方向：

a) インスタントポットに水1カップとスチーマーラックを入れます。

b) 蓋を閉めてサツマイモをラックに置き、リリースバルブが正しい位置にあることを確認します。

c) 手動でインスタントポットを高圧で15分間予熱します。圧力がかかるまで数分かかります。

d) タイマーが鳴ったら、10分間自然に圧力を下げます。残圧を排出する場合は、開放弁を回してください。

e) フロートバルブが下がったら、ふたを開けてサツマイモを取り出します。

f) さつまいもが冷めたら半分に切り、フォークなどでつぶす。

g) ピーカンナッツ、ブルーベリー、チアシードをトッピングし、メープル シロップとアーモンド バターをまぶします。

32. ミドシュリンプバイツ

サービング：16

材料：

- オリーブオイル 大さじ 2
- 10 オンスのエビ、調理済み
- ミントのみじん切り 大さじ 1
- エリスリトール 大さじ 2
- ブラックベリー 1/3 カップ
- カレー粉 小さじ 2
- 生ハム 11 切れ
- 野菜ストック 1/3 カップ

方向：

a) 生ハムのスライスで包んだ後、各エビに油をまぶします。

b) インスタントポットで、ブラックベリー、カレー、ミント、ストック、エリスリトールを混ぜ合わせ、弱火で 2 分間調理します．

c) 蒸し器と巻いた海老を鍋に入れ、蓋をして強火で 2 分蒸し焼きにする。

d) 包んだ海老をお皿に盛り付け、ミントソースをかけて召し上がれ。

33. 鴨燻製

材料:

- 5ポンドのアヒル全体（余分な脂肪を取り除いたもの）
- 小ねぎ1個（4等分）
- りんご1個（くし切り）
- オレンジ1個（4等分）
- 刻んだパセリ 大さじ1
- 刻んだばかりのセージ 大さじ1
- オニオンパウダー 小さじ$\frac{1}{2}$
- スモークパプリカ 小さじ2
- 乾燥イタリアンシーズニング 小さじ1
- 乾燥ギリシャ調味料 大さじ1
- コショウ小さじ1またはお好みで
- 小さじ1杯の海塩または味

方向:

a) こするために、オニオン パウダー、コショウ、塩、イタリアの調味料、ギリシャの調味料、パプリカをミキシング ボウルで混ぜ合わせます。

b) オレンジ、タマネギ、リンゴをアヒルの空洞に挿入します。刻んだパセリとセージをアヒルに詰めます。

c) アヒルのすべての面に、ラブミックスでたっぷりと味付けします。

d) アヒルをグリル格子に置きます。

e) 2時間から2時間半、または鴨の皮が茶色になり、ももの内部の煙の温度が160°Fに達するまでローストします。

34. 豚ヒレ肉のグリル 詰め物

収量: 1 人分

成分

- 2 全豚ヒレ肉; 半分にカットしてバタフライ
- ブラックオリーブのタプナード 1 カップ
- たたき黄ペッパーソース

こする

- アンチョパウダー 1/2 カップ
- ⅓ カップ オリーブオイル
- ⅓ カップ パプリカ
- 小さじ 1 杯のニンニク; 生さいの目に切った
- 塩
- コショウ

たたき黄ペッパーソース

- 2 黄ピーマン; グリル、種あり
- ⅓ カップ 米酢
- にんにく 6 カップ; グリルした
- サフラン串 ひとつまみ
- はちみつ 大さじ 1

方向:

a) 豚ロース肉の真ん中にタプナードを薄く敷き、巻いてこすり合わせる。フライパンでオイルを熱し、ほとんど煙が出るまで加熱します
b) 豚ロース肉を両面焼き、片面 **3** 分ずつ焼きます。
c) すべてのソースの材料をミキサーで滑らかになるまで混ぜます。
d) 塩、こしょうで味を調える

35. ポークラウンローストの詰物

材料:

- リブ 12〜14 本
- アップルサイダービネガー - 大さじ 2
- アップルジュース - 1 カップ
- ディジョンマスタード - 大さじ 2
- 塩 - 小さじ 1
- ブラウンシュガー - 大さじ 1
- 刻んだタイム - 大さじ 2
- にんにくのみじん切り - 2
- オリーブオイル - $\frac{1}{2}$ カップ
- 粗挽き胡椒 - 小さじ 1
- お好みの詰め物 - 8 カップ

方向:

a) ペストリーブラシを使用して、マリネをローストに塗ります。

b) 肉を 30 分間ローストしてから、グリルの煙の温度を下げます。王冠に詰め物をゆるく詰め、上部に盛り付けます。

c) 豚肉をさらに 90 分じっくり焼きます。

d) ローストをグリルから取り出します。約 15 分間休ませて、肉がすべてのジュースに浸るようにします.骨を覆っているホイルを取り除きます。あ

なたがそれを彫る準備が整うまで、肉屋のひもをつけたままにします.

36. ポルケッタのくるみ

材料:

- 6 ポンドの豚バラ肉、脂肪を取り除いたもの
- 12 オンスのドライトマトスプレッド
- シカゴスタイルのジャルディニエラ 2 カップ
- ベーコンジャム 1 カップ
- ドライラブ 1/2 カップ

方向:

a) 喫煙者を華氏 275 度に予熱します。
b) その間に、豚肉をすすぎ、水気を軽くたたいて乾かし、均一にコーティングされるまですべての面をこすります。
c) 味付けした豚肉をまな板または清潔な作業スペースに置きます。その上にトマトスプレッドを広げ、ジャルディニエラとトマトスプレッドを重ね、豚肉を巻いてキッチン用麻ひもで結びます。
d) 豚肉の詰め物をスモーカーラックに置き、肉用温度計を挿入し、蓋をして閉じ、肉用温度計が華氏 195 度の内部煙温度を記録するまで 2〜3 時間以上喫煙するようにタイマーを設定します.

e) 出来上がったらポルケッタをまな板に移し、15 分休ませてからスライスしてお召し上がりください。

37. スモークしたティラピア

材料:
- 3オンスのティラピアフィレ（新鮮、養殖）
- パプリカ（燻製） 小さじ 3/4
- エキストラバージンオリーブ 大さじ 1
- シーフードシーズニング 小さじ 3/4

エビの詰め物の材料:
- テールオフシュリンプ 1/2 ポンド
- パン粉 1/2 カップ
- 有塩バター 大さじ 1/2
- コショウ 小さじ 3/4
- 卵（小、溶きほぐす） 1個
- マヨネーズ 1/4 カップ
- パセリ 小さじ 3/4（乾燥）

方向:
a) えびはフードプロセッサーにかけ、みじん切りにする
b) 大きめのフライパンにオリーブを中火で熱し、バターを入れて溶かし、玉ねぎを加えてしんなりするまで炒める
c) ソテーした混合物、エビ、残りの材料をカバー付きのボウルに入れます
d) フィレのすべての面にオリーブ オイルをこすります。スプーンを使って、各フィレの裏に素晴らしい詰め物を詰めます.
e) 切り身の裏に餡を広げます

f) ティラピアの切り身を 2 つに折り、つまようじを使ってしっかりと固定します。
g) フィレを 40 分間ローストする

38. 魚の詰め物アボカド

収量: 4 人分

成分

- 固ゆで卵 4 個
- ¼ カップの牛乳
- 濾したフレッシュライムジュース 1/4 カップ
- 小さじ ¼ 砂糖
- 小さじ ½ 塩
- ⅓ カップ 菜種油
- オリーブオイル 大さじ 2
- 白身魚の燻製 1/2 ポンド
- 完熟アボカド 大 2 個
- 新鮮な赤ピーマン 12 ストリップ

方向:

a) 深めのボウルに卵黄と牛乳を入れ、スプーンかテーブルフォークでなめらかなペースト状になるまで混ぜます。ライムジュース、砂糖、塩を大さじ 1 杯加えます。

b) 次に、一度に小さじ 1 杯程度の植物油を入れます。さらに追加する前に、各追加が吸収されていることを確認してください。絶えずかき混ぜながら、

小さじ **1** 杯ずつオリーブオイルを加えます。残りのライムジュースをソースに混ぜ、味付けをします。

c) 魚をボウルに入れ、フォークで細かくほぐします。みじん切りにした卵白とソースを加えて、さっくりと混ぜ合わせます。

d) 魚の混合物をアボカドの半分にスプーンで入れます

39. ベーコンとりの燻製

収量: 15 人分

成分

- 牡蠣の燻製 2 缶
- 軽い植物油 $\frac{1}{4}$ カップ
- 1/2 ポンドのベーコンストリップ
- 丸型木製つまようじ 40 本
- みじん切りにしたにんにく 大さじ 3

方向:

a) ベーコンは三等分に切る。
b) 各カキの周りにベーコンのスライスを巻き付け、爪楊枝を通して所定の位置に保持します。
c) 中型のフライパンで油を熱し、にんにくを入れる。
d) 巻いた牡蠣を油でベーコンがカリカリになるまで焼く。
e) 鍋から取り出し、ペーパータオルで水気を切る。

40. スモークサーモンの卵焼き

収量: 2人分

成分

- バター 大さじ 2
- 柔らかいパン粉 大さじ 3
- 卵 2 個
- にんにく 1 片; みじん切り
- 2 オンスのクリームチーズ
- 2 オンスのスモークサーモン; スライスされた
- 2 オンスのシャープチェダーチーズ。すりおろし
- 1 トマト; 厚切り

方向:

a) バターキャセロール。それぞれの底と側面に小さじ 2〜3 杯のパン粉を押し付けます。残りのクラムを 1 T. バターとブレンドし、取っておきます。各皿に卵を割る。にんにくをクリームチーズでつぶし、卵の上にそっとのせます。スモークサーモンを加え、必要に応じて長いストリップを折ります。

b) すりおろしたチェダーチーズをサーモンにふりかけます。各ディッシュに 1 枚のトマト スライス (トマトの真ん中から) を置きます。

c) 各皿の上にパン粉の半分を砕き、350 オーブンで 8 〜 15 分間焼き、次に 2 〜 3 分間、表面が焦げ目がついて少しカリカリになるまで焼きます。一気にサーブ。

41. チェコのビウルストホットドッグ

材料

- 5 オールスパイスベリー
- 乾燥月桂樹の葉 2 枚
- にんにく大 1 かけ（つぶしたもの）
- 黒こしょう 大さじ 1
- 赤唐辛子フレーク 小さじ 1
- 1 ポンドの上質なホットドッグ
- 黄玉ねぎ 1 個
- $\frac{1}{4}$ カップの蒸留白酢
- 水 $\frac{1}{2}$ カップ
- 砂糖 小さじ 5
- コーシャソルト 小さじ 2

方向:

a) オールスパイス、月桂樹の葉、にんにく、コショウの実、コショウのフレークをクォート缶詰の瓶に入れます。

b) パッケージからホットドッグを取り出し、軽くたたいて乾かします。それらを半分に切ります。各ホットドッグの中心から縦方向に慎重に裂け目を作ります。完全に切らないように注意してください。犬を切り裂いて、ホットドッグのパンのように開き、先端はそのままにしておきます。

c) ホットドッグに生のタマネギを詰めます。半分に割れるほどタマネギを使いすぎないように注意してください。ぬいぐるみを瓶にできるだけきつく詰めます。

d) 小鍋に酢、水、砂糖、塩を入れて強火にかけ、かき混ぜて砂糖と塩を溶かす。ブラインが沸騰したら、火から下ろし、ホットドッグの上に注ぎ、完全に覆います．冷蔵庫に移す前に、瓶に蓋をして完全に冷まします。

e) ホットドッグはいつでも安全に食べられますが、味をなじませるには 2 週間かかります。

42. ベーコンと豆まめのスプレッド

材料

- 2 ポンドのプラムトマト
- 中黄玉ねぎ 1 個
- ニュートラルオイル 大さじ 2
- コーシャーソルト 小さじ $1\frac{1}{2}$
- 9 オンスのベーコン
- ブラウンシュガー 小さじ 2
- 乾燥タイム 小さじ 1
- 小さじ $\frac{1}{2}$ 挽きたての黒コショウ
- 小さじ 2 杯のアップルサイダービネガー

方向:

a) 縁のある大きな天板にトマトとタマネギを並べ、油と小さじ 3/4 の塩をまぶします。トマトのカット面を上にして、すべてを 1 層に広げます。1 時間半から 2 時間ローストします。

b) フードプロセッサーでトマト、玉ねぎ、ベーコン、ベーキングシートのジュースを混ぜ合わせます．パルスして混合します。

c) 砂糖、タイム、コショウ、酢、残りの小さじ 3/4 の塩を加えます。完全に混合するプロセス。混合物は広がりますが、少し分厚いままになります。

43. チェコのチーズ漬け

材料

- 黄玉ねぎ 1 個
- 中性食用油 大さじ 1
- コーシャーソルト 小さじ $1\frac{1}{2}$
- にんにく 3 片（薄切り）
- 8 オンスのカマンベールまたはブリーチーズ
- スモークパプリカ 小さじ 2
- ジュニパーベリー 10 個
- 乾燥月桂樹の葉 2 枚
- 黒こしょう 大さじ 1
- 新鮮なタイムの小枝約 7 本
- エクストラバージンオリーブオイル 1～1.5 カップ

方向:

a) 油にタマネギと塩を加え、タマネギ全体が茶色くなるまで 4～6 分炒めます。にんにくを加えてよくかき混ぜながら煮る。

b) よく切れるナイフでチーズホイールを 8 つのくさびに切ります。くさびの一番上の層を持ち上げ、スプーンを使ってチーズの層の間にパプリカを振りかけ、小さじ 2～3 杯の玉ねぎをスプーンで入れます。

c) ジュニパーベリー、ローリエ、コショウの実をクォートジャーに入れます。タイムの小枝を瓶の側面に平らに押し付けます。詰めたチーズを瓶に積み重ね、軽く押してぎゅっと詰めます。瓶の中の固形物が完全に覆われるようにオリーブオイルを注ぎます。

d) 瓶にしっかりと蓋をして冷蔵します。風味を最大限に引き出すには、食べる前に 2 週間待ってください。

44. キジ燻製ピラフ詰め

収量: 1食分

成分

- $\frac{1}{4}$ カップ バター
- 乾燥パン粉 $1\frac{1}{4}$ カップ
- $\frac{2}{3}$ カップ 粗く砕いたピーカン ミート
- スモークキジ 各2匹
- 小麦粉 大さじ2
- $\frac{3}{4}$ 小さじ塩
- コショウ小さじ $\frac{1}{4}$
- $\frac{1}{4}$ カップ バター
- お湯 $1\frac{1}{2}$ カップ
- $\frac{1}{4}$ カップのシェリー

方向:

a) 4 TBS バターを溶かし、パン粉にかけます。ピーカンミートを加えて軽く和えます。混合物をキジとトラスの鳥に詰めます。小麦粉、塩、こしょうを混ぜ合わせ、キジに軽くふりかける。残りの 4 TBS バターを厚手のフライパンで溶かします。

b) 各キジのすべての面を焼き、ローストパンに移します。焦げ目がついた鳥に熱湯とシェリー酒を加

えます。ふたをして、華氏 350 度で 1 時間焼きます。

c) 15 分ごとに液体でこすります。ふたを外して、20 分間、または鳥がパリッと焼き色がつくまで焼き続けます。

d) 鳥を大皿に移し、肉汁の滴りをとろみをつけている間、熱く保ちます。

45. ピカンスモークテンダーロイン

収量: 1食分

成分

- 豚ヒレ肉 1 ポンド
- ½ カップ醤油
- にんにく 2 片 -- みじん切り
- すりおろした生姜 大さじ 1
- ごま油 大さじ 1
- ¼ カップハニー
- ブラウンシュガー 大さじ 2

方向:

a) すべての材料をシェーカーに入れ、ディケンズのようにシェイクします。私は新鮮な生姜を 1/8 〜 1/4 インチの厚さにスライスして使うのが好きです。

b) 火をつけて、喫煙用の木材を置きます。これにはピーカンが好きですが、お好みのものを使用してください。どんな味でもいいです。

c) 直火で 5〜8 分ほど焼きます。

d) ホイルにたまるジュースをこぼさないように注意してください。このジュースをサービングプレートのロースに注ぎます.

46. なすの詰物

方向:

a) ナスをすすぐ。片方の端からスライスを切り取ります。幅の広いスリットを作り、それらを塩漬けにします。トマトの種を取ります。それらを細かく刻みます。

b) 玉ねぎは薄切りにします。にんにくをみじん切りにします。ココナッツオイルを入れたフライパンに入れます。

c) トマト、塩パセリ、クミン、コショウ、唐辛子、牛ひき肉を加えます。**10** 分間ソテーします。

d) 茄子を絞って、苦汁を出します。広いスリットに牛ひき肉ミックスを詰めます。残りのミックスを注ぎます。その間にオーブンを **375F** に加熱します。

e) ナスをベーキングパンに置きます。オリーブオイル、レモン汁、水 **1** カップをふりかけます。

f) フライパンをホイルで覆います。

47. 赤ピーマンの肉詰め

材料

- 赤ピーマン 6 個
- 塩味
- 牛ひき肉 1 ポンド
- 玉ねぎのみじん切り 1/3 カップ
- 塩とコショウの味
- 刻んだトマト 2 カップ
- 1/2 カップの生玄米または
- 水 1/2 カップ
- トマトスープ 2 カップ
- 必要に応じて水

方向:

a) ピーマンは熱したお湯5分茹で、水気を切る

b) 各ピーマンの中に塩を振りかけ取って置きます。フライパンで玉ねぎと牛肉を茶色になるまで炒めます。余分な脂を出します。塩しょうの味を確認ます。米、トマト、1/2 カップの水を入れてかき混ぜます。ふたをして、ご飯がやわらかくなるまで煮る。暑さか消除チーズをかき混ぜます。

c) オーブンを華氏350度加熱ます。各ピーマンに米牛肉の混合物を詰めます。ピーマンの開いた面を上にしてベーキングディッシュに置きます。別のボウルで、トマトスープに分量の水を混ぜて、スープをグレービーのコンシステンシーにします。

d) ピーマンの此注ぐ。

e) 次をして25～35分焼きます。

48. ローストチキンとローズマリー風

6〜8人分

- 1 (3 ポンド) 丸ごと鶏肉、すすぎ、皮をむく
- 塩とコショウの味
- 玉ねぎ 1 個
- 刻んだローズマリー 1/4 カップ

方向:

a) オーブンを華氏 350 度に加熱します。肉に塩、こしょうをふる。タマネギとローズマリーを詰めます。

b) 耐熱皿に並べ、予熱したオーブンで鶏肉に火が通るまで焼きます。

c) 鳥の大きさによって、焼き時間が異なります。

49. イワシの詰物

成分

- 大イワシ 14 尾（または小イワシ 20 尾）
- 新鮮な月桂樹の葉 14〜20 枚
- オレンジ 1 個、縦半分に切り、スライスする
- 詰め物のために
- スグリ 50g
- エキストラバージンオリーブオイル 大さじ 4
- 玉ねぎ 1 個、みじん切り
- 細かく刻んだにんにく 4 片
- 砕いた乾燥唐辛子 ひとつまみ
- 75g (3 オンス) 新鮮な白いパン粉
- 刻んだ平葉パセリ 大さじ 2
- アンチョビフィレ 15g (1/2 オンス) オリーブオイル漬け、水気を切る
- みじん切りにしたケーパー小さじ 2 杯
- 半分の小さなオレンジの皮とオレンジ ジュース
- 細かくすりおろしたペコリーノチーズまたはパルメザンチーズ 25g
- 軽くトーストした松の実 50g

方向:

a) 詰め物には、カラントを熱湯で覆い、10 分間置いてふっくらさせます。フライパンに油を熱し、玉ねぎ、にんにく、砕いた乾燥唐辛子を入れ、玉ねぎがしんなりするまで 6〜7 分弱火で炒める。

b) 鍋を火から下ろし、パン粉、パセリ、アンチョビ、ケッパー、オレンジの皮とジュース、チーズと松の実を入れてかき混ぜます。

c) スグリの水気をよく切ってかき混ぜ、塩、こしょうで味を調えます。

d) 各イワシの頭の端に沿って約大さじ $1\frac{1}{2}$ の詰め物をスプーンで取り、尾に向かって巻き上げます．油を塗った浅いグラタン皿にしっかりと詰めます。

e) 魚に軽く塩、こしょうをふり、多めの油をまぶして 20 分焼く。室温で、またはアンティパストの盛り合わせの一部として冷やしてお召し上がりください。

50. デカレサバ

4人前

成分

- サバ 4 尾、きれいに整えて
- バター 40g
- グラニュー糖 小さじ 1
- イングリッシュマスタードパウダー 小さじ 1
- 小さじ 1 杯のカイエンペッパー
- パプリカ小さじ 1
- 小さじ 1 杯のコリアンダー
- 赤ワインビネガー 大さじ 2
- 挽きたてのコショウ小さじ 1
- 塩 小さじ 2
- ミントとトマトのサラダに
- **225g (8 オンス)** ブドウの熟した小さなトマト、スライス
- 玉ねぎ 1 個（半分に切り、非常に薄くスライス）
- 刻んだミント 大さじ 1
- フレッシュレモン汁 大さじ 1

方向:

a) 小さなロースト缶でバターを溶かします。火から下ろし、砂糖、マスタード、スパイス、酢、コショウ、塩を入れてよく混ぜます。味付けしたバターにサバを加え、よく混ざるまで 1、2 回ひっくり返し、各魚の空洞にも広げます。

b) それらを軽く油を塗った天板またはグリルパンのラックに移し、完全に火が通るまで片面 4 分間グリルします．

c) 一方、サラダは、スライスしたトマト、タマネギ、ミントを4皿に重ね、レモン汁と調味料をふりかけます。調理済みのサバを並べて提供し、必要に応じてフライドスライスポテトを添えます。

51. ブラジアンソーセージ詰めタウー

収量: 12 食分

成分

- 5 ポンドのウーフー（ブダイ）
- 1 パック ホット ブラジリアン ソーセージ; スライスされた
- ネギの白; 縦にスライス
- にんにく 3 片; みじん切り
- 小さじ 2 杯の生姜; すりおろし
- 塩とコショウの味

方向:

a) オーブンを 450 度に予熱します。バタフライフィッシュを背中から脱骨。

b) いつものように魚をきれいにします。よく洗って乾かしてください。塩こしょうで味を調えます。ブラジル風ソーセージのスライス、玉ねぎの白身、にんにく、しょうがを混ぜ合わせます。

c) 魚の空洞に詰め、針と糸で縫って閉じます

d) 1 枚の葉を魚の側面に置き、光沢のある面を上にして、スズ箔で包みます．天板に並べて 1 時間 15 分焼く。

52. ティラピアとピスタチオの詰め物

成分

- 小さく切ったベーグル 2 個
- 細かく砕いたスコーン 1 個
- クロワッサン 1 個
- 赤玉ねぎ 1/4 個、粗みじん切り
- 中くらいの大きさのオレンジ 1 個、一口大に切る
- 大きな卵 4 個
- 塩と挽きたての黒胡椒
- 2 ポンドのティラピア
- レモン 1 個（4 等分）

方向:

a) フード プロセッサーのボウルで、ベーグル片、スコーン片、クロワッサン片、玉ねぎ、オレンジ チャンク、卵、塩コショウを 10 〜 15 秒間、または材料が完全に混ざり合うまで、またはピューレ状にならないようにパルスします。．これを 2 つまたは 3 つのバッチで行う必要がある場合があります。詰め物をボウルに取っておきます。

b) 4 枚のホイルを並べます。それぞれにティラピアを 1 枚置き、各フィレの上に 1/2 インチの厚さの詰め物をスプーンでのせます（それぞれ約 1/2 カップを使用します）．それぞれにレモンの四分の一を絞ります。詰め物が残っている場合は、冷凍して別の用途に使用できます。

c) 上部のホイルを一緒につまんでください。強火でグリルにホイルパケットを置きます。約 10 分間調理します。詰め物が完全に加熱されているかどうかを確認する必要がある場合があります。そうでない場合は、グリルに戻って（慎重にひっくり返して）さらに 4〜5 分間焼きます。

d) グリルから取り出し、ゲストがパケットを開けて中身を取り出して、よりお祝いのプレゼンテーションをしましょう。

53. 焼きピーマンの豆腐詰め

収量: 4 人分

成分

- 4 つの大きなピーマン
- 1 つの大きなタマネギ; さいの目に切った
- にんにく 3 片; みじん切り
- 12 オンスの豆腐; 崩れた
- 小さじ 2 杯のオリーブオイル; 3 倍になるかもしれません
- 8 オンスのセグメント化されたキノコ
- ローマトマト 4 個
- 新鮮なマジョラムのみじん切り 小さじ 1
- 小さじ 1/2 の塩; 以上の味
- フレッシュオレガノ 小さじ 1
- しょうゆ 大さじ 1
- 14 オンスのトマト煮込み
- 炊いた玄米 1 カップ
- 水 1/2 カップ
- 挽きたての黒コショウ
- パルメザンチーズ; またはサワークリーム、オプションのガーニッシュ

方向:

a) 豆腐を食感に整えて砕く。
b) その間、ブラックストーンのガスグリルを中〜高に加熱するか、やかんグリルで火をつけます。
c) 小さな果物ナイフで、ピーマンの上部を切り取り、すべての種と内膜をすくい取ります。ピーマン全

体をグリルに合計約 5 分間置き、2 分ごとに回転させて軽く焼きますが、柔らかくなりすぎないようにします．冷やすために取っておきます。

d) コンロまたは（ガス）グリルの大きな鉄板で、玉ねぎ、にんにく、豆腐をオリーブ オイルで約 4〜5 分焼きます。きのこ、ローマトマト 3 個、角切り、マジョラム、塩、オレガノを加える。さらに 3〜5 分焼く

e) 醤油、トマト煮込み、ご飯を入れる。かき混ぜて混ぜます。火から下ろします。

f) 各コショウをこの混合物で満たし、スプーンで静かに押し下げて、詰め物のためのスペースを増やします．残りのローマ トマトを 4 分の 1 にし、各ピーマンの上に 4 分の 1 をくさびで切り込みます。ピーマンを 2 クォートのグラタン皿に置き、残りのトマト混合物をピーマンの周りに注ぎます．水と黒コショウを加えます。アルミホイルで覆う。

g) グリルの上に置き、間接的な熱で 20〜25 分間、またはペッパーがフォークのように柔らかくなるがどろどろにならないようになるまで調理します．追加のソースをピーマンの上にスプーンでかけ、添えて提供します．

54. 煎豆腐

収量: 1 人分

成分

- 油揚げ 1 パック
- きゅうり 1 本
- にんじん 1 本
- いくつかのもやし
- パイナップル: 分割

方向:

a) 豆腐は軽く炙って側面を切り落とし、千切りにした野菜を詰める

55. えびのズッキーニ詰め

MAKES 4 ポーション

成分：

- 12 匹のエビまたは巨大なエビ（10〜15 カウント）
- エビ
- ハラペーニョ チリペッパー 1 個（種を除く）
- カップ コリアンダー ペスト
- エシャロットの角切り 大さじ 3
- オリーブオイル 大さじ 3
- にんにく 1 かけ（みじん切り）
- さいの目に切った新鮮なコリアンダー 大さじ 3

こする
- ワカモレのビネグレット：
- 小さじ粗塩
- ハスアボカド 2 個（種と皮をむく）
- 粗挽き黒こしょう ひとつまみ
- エクストラバージン オリーブ オイル ライム 1 杯分のジュース
- トマト 1 個、種を取り、細かくさいの目切りにする

方向：
a) グリルに火をつけて、中程度から強火に直火、約 $425\frac{1}{4}$F
b) 海老は背中に沿って切り込みを入れ、真ん中を開けます
c) 各エビの開口部に小さじ 1/2 から 1 杯のペストを入れます。エビの詰め物にオリーブオイルを全体にまぶします。

d) ワカモレ ビネグレットの場合：アボカドを中程度の皿にフォークでつぶします。残りの主成分をかき混ぜます。脇に置きます。
e) 焼き網にブラシをかけ、油を塗る。片面約 4 分間、エビをしっかりとグリルマークが付くまで熱で直接焼きます．
f) お皿に取り出して、ワカモレのビネグレットソースをかけます。

56. ナチョスのグリル

材料

- シュレッドチーズ
- トマト
- 牛肉の焦げ目
- サルサ

方向:

a) 鉄板にアルミホイルを敷き、ナチョスを山盛りにするだけ。
b) ふたをして中火から弱火に数分間置きます。チーズがとろけたら火からおろして出来上がり。

57. とうもろこしの皮詰物グリル

収量: 1人分

材料

- フレッシュイヤーコーン 大4個
- フレッシュライムジュース 大さじ3
- にんにく1片（みじん切り）
- 細かく刻んだハラペーニョ 1/2
- クミン 小さじ$\frac{1}{2}$
- $\frac{1}{4}$小さじ カイエン
- $\frac{1}{2}$カップ オリーブオイル
- 2つの大きな赤じゃがいも、ゆで、皮をむき、さいの目切りにする
- 黒豆の缶詰1カップ、すすぎ、水気を切る
- 赤ピーマン 1/2 角切り
- 塩と挽きたての黒胡椒
- パクチーの葉 1/2カップ
- すりおろしたモントレー ジャック チーズ 1カップ、お好みで

方向:

a) 最も広い殻を引き裂かないように注意しながら、トウモロコシの各耳の殻をゆっくりと取り出します。最も幅の広い殻を 24 個選び、湿らせたペーパー タオルで覆って脇に置きます。残りの殻の 2 つを 8 つの長いストリップに切り取り、湿らせたペーパー タオルで覆います。各穂軸からとうもろこしの穀粒を切り取り、取っておきます。

b) 大きめの皿にライムジュース、にんにく、ハラペーニョ、クミン、カイエンペッパーを入れて泡立てる

c) 大さじ 6 杯のオリーブオイルをゆっくりと流れに加え、絶え間なく泡立てます。とうもろこし、じゃがいも、黒豆、赤ピーマンを加えて混ぜ合わせ、塩、こしょうで味をととのえ、ドレッシングをからめる。

d) 味見をして、必要に応じて調味料を調整してください。コリアンダーの葉を加え、かき混ぜて混ぜます。

e) コーンハスク 2 枚を、凹面を上にして作業面に置き、広い方の端を 2 インチ重ねます。

f) 最初の 2 つの殻の上に 3 番目の殻を真ん中に置きます。殻の真ん中に約 $\frac{1}{2}$ カップの野菜混合物を配置します。とうもろこしの皮の側面をフィリングの上に重ねて、完全に覆います。

g) トウモロコシの皮のストリップで両端を結び、フィリングを固定し、葉巻の形をしたパケットを形成します。

h) 残りの材料で同じようにさらにパケットを作成します。パケットは最大 4 時間前まで作成できます。

i) ブラックストーングリルまたはグリルパンを加熱します。

j) 残りの大さじ2杯のオリーブオイルでパケットを磨き、各パケットを片面6分間グリルします。
k) 必要に応じて、各パケットを切り開き、すりおろしたチーズを野菜の上にかけます.
l) パケットをグリルに戻すか、チーズが溶けるまでグリルします。すぐにサーブします。

58. りんごのデザートパック

材料

- 12 個の大きなりんご
- レーズン
- 砂糖 大さじ 3
- シナモン 大さじ 3
- ビスケットミックス 3/4 カップ

方向:

a) りんご 1 個は芯を取り、かなり大きめに切り、必要に応じて皮をむきます。小さじ 1 を混ぜます。砂糖、数個のレーズン、シナモンを大さじ 1 杯のビスケットミックスで味わう。さいの目に切ったリンゴをかき混ぜます。油を塗ったアルミホイルで包み、蒸気が十分に通るようにします。

b) 残り火で約 30〜45 分煮る

59. 焼きりんごの詰物

材料

- りんご
- レーズン
- 黒砂糖
- ナッツ
- シナモン

方向：

a) りんごの芯をくり抜いて、真ん中に丸ごと筒状のりんごを入れます。りんごの皮はつけたまま。底の皮膚を突き刺さないようにしてください。残りの材料のすべてまたは一部を、芯を取り除いたリンゴに入れます。りんごを丸ごとアルミホイルで包みます。

b) 燃えさしに投げ込みましょう！ 8 〜 10 分待ちます。スティックで火から下ろし、少し冷まします。まだ柔らかくなっていないか確認してください。りんごが柔らかくなったら出来上がり。平らげる。

60. リンゴの肉詰め

MAKES 4 ポーション

材料

- 皮をむいたシポリーニ玉ねぎ 4 個
- にんにく大 3 片（皮付きのまま）
- オリーブオイル 大さじ 1
- カップくるみ
- 6 オンスの緩い甘いイタリアンソーセージ
- 細かくさいの目に切ったセロリ
- 小さじ 4 杯
- 4 つの大きなガラ、ローマ、またはその他の大きなベーキング アップル
- アップルサイダー 1 カップ
- くるみリキュール 大さじ 2
- りんご酢 大さじ 1
- さいの目に切った新鮮なセージ 大さじ 1

方向：

a) 玉ねぎを赤道で切り分け、皮をむいたニンニクと油を皿に入れて混ぜる。焼き網にブラシをかけ、油を塗る。

b) 玉ねぎをカット面を下にしてグリルし、皮をむいていないにんにくを直接火にかけ、玉ねぎが柔らかくなり、にんにくが点状に焦げ目がつくまで、約 5 分間、1 ～ 2 回回転させます。にんにくは皮をむき、玉ねぎと一緒にみじん切りにする。

c) 大きな鋳鉄製グリドルまたは頑丈なローストパンを熱の上に直接置きます．クルミを加え、時々振りながら約 5 分間、香ばしくなるまでトースター

で焼きます。くるみをフライパンから取り出し、みじん切りにする。

d) ソーセージをフライパンに加え、ときどきかき混ぜながら、全体にうっすらと焼き色がつくまで5〜8分加熱します。取り出して置いておきます。鍋のドリップにセロリを加え、ときどきかき混ぜながら4分間調理します。玉ねぎ、にんにく、ソーセージ、鶏肉のすり身を加えて1分間煮ます。詰め物を皿にこすり落とします。

e) りんごを横に細切りにし、メロンボーラーでそれぞれの部分から芯を取り出します。りんごの切り口を上にして、グリドルまたはロースト パンに置きます。ソーセージの混合物で各分画の中央を埋めます。

f) アップルサイダー、リキュール、ビネガー、セージを混ぜ合わせて、リンゴの周りと上に注ぎます．蓋をして蓋をし、蓋をして鍋をホイルで覆い、鍋をグリルの上に置き、火から離します。ふたをしてグリルにふたをし、20分間調理します。

g) ホイルを取り出し、りんごが柔らかくなるまでさらに15〜20分煮ます。

h) ポーションの前に10分間冷まします。りんごに鍋からのサイダーシロップをはねかけ、サーブします。

61. きのこの工詰め

材料

- 大きな白いキノコ 20 個
- 1 (4 オンス) の小エビを缶詰にし、すすぐ d
- チャイブとオニオン風味のクリームチーズ 1/2 カップ
- 小さじ 1/2 ウスターソース
- ガーリック パウダー 1 つまみ、またはお好みで
- ルイジアナ風ホットソース 1 ダッシュ
- すりおろしたロマーノチーズ 3/4 カップ

方向:

a) 9x13 インチのグラタン皿に軽くグリースを塗ります。鍋に水を入れ、きのこが柔らかくなる前に中火で 2 分間煮ます。スロット付きスプーンでマッシュルームを取り除き、水気を切り、いくつかの回復可能なフォーマットのタオルで、約 15 分間冷たく中空の側面を下にします。

b) マッシュルームキャップが冷めている間に、エビ、クリームチーズ、ウスターソース、ガーリックパウダー、ホットソースをボウルに入れてよく混ぜます。

c) 各きのこのキャップに小さじ 2 杯のエビの混合物をスプーンで入れ、準備したグラタン皿に詰め物を上にして置きます。各きのこにロマーノチーズをふりかけます。
d) オーブンを華氏 400 度（摂氏 200 度）に予熱します。皿のふたを開け、きのこを予熱したオーブンで約 15 分間焼きます。

62. 海老のガーリック炒め

材料

- 柔らかくしたクリームチーズ 3 オンス
- 新鮮なパセリのみじん切り 2/3 カップ
- 砕いたブルーチーズ 1/4 カップ
- みじん切りエシャロット小さじ 1
- クレオールマスタード 小さじ 1/2
- ジャンボシュリンプ 24 尾、皮をむいて背わたを取り除く

方向：

a) ほんの少しのボウルで、クリームチーズを滑らかになるまで泡立てます。1/3 カップのパセリ、ブルーチーズ、エシャロット、マスタードを入れます。少なくとも 1 時間冷蔵します。
b) 各エビの幹に沿って、下から 1/4 から 1/2 インチ以内に深い切り込みを入れます。クリームチーズの混合物を詰めます。残りのパセリをクリームチーズの混合物に押し付けます。

63. 鮭のペッパーソテージ

材料

- 1 ポンド　魚の切り身
- 1/2 ポンド　　エビおよび/またはホタテ、
- パクチーの葉 1/2 カップ
- 4 大　　白身
- フレッシュレモンジュース 大さじ 1
- 小さじ 2 杯の挽いたクミン
- 塩 小さじ 2
- 小さじ 1/4 の黒胡椒
- 5 フィート ホッグ ケーシング

方向：

a) 魚を細切りにする。エビとホタテは丸ごと残すことができます。シーフード、ハラペーニョ、コリアンダーを肉挽き器の粗い刃に通します。大きなボウルに魚介類のひき肉、卵白、レモン汁、クミン、塩、こしょうを入れて混ぜる。

b) 肉挽き器のソース詰め漏斗アタッチメントにケーシングを集めます．シーフード混合物をグラインダーに戻し、すりつぶし始めます。

c) ソーセージの長さを詰めすぎないように注意しながら、混合物をすりつぶします。

d) ふた付きの大きな重いフライパンで 1 インチの水を沸騰させます。3 インチ間隔で鋭いナイフパイントでソーセージを刺します．提供する前に、ほとんど動かない水に 10 分間入れてください．

64. ロブスターソーセージ

収量：2 ポンド

材料

- 4 フィートの小さな豚のケーシング
- 白身魚のフィレ 1½ ポンド、角切り
- マスタードシード 小さじ ½
- コリアンダー 小さじ ½
- パプリカ 小さじ 1
- レモン汁 小さじ 1
- 白こしょう 小さじ ½
- 溶き卵 1 個
- 1/2 ポンド 粗く刻んだロブスター メット

方向：

a) ケーシングを準備します。魚が壊れるまで、フードプロセッサーで 3 〜 4 回パルスします。マスタード、コリアンダー、パプリカ、レモン汁、コショウ、卵を加えます。

b) ブレンドするまで処理します。混合物をミキシングボウルに入れ、ロブスターの肉を加えます。よくブレンドします。

c) ケーシングを詰めて、ねじって 3 〜 4 インチのリンクにします。

65. 焼きあさり

収量: 3 人前

材料

- あさりのすり身 1 缶
- 溶かしたマーガリン 1 本
- あさりのスープ 大さじ 4
- にんにく塩ひとつまみ
- リッツクラッカー 3 カップ
- シェリー酒 大さじ 1
- ウスターソース 小さじ ½

方向：

a) あさりの水気を切り、液体をとっておく。
b) すべての材料を混ぜ合わせ、殻を詰めます。350 度で 15 分焼きます。
c) 殻がない場合は、小さなグラタン皿で 20 〜 25 分焼き、クラッカーにのせます。

66. キノコ詰めのポブラノス

収量: 8人前

材料

- 8 ミディアム ポブラノペッパー
- 減塩チキンストック 4 カップ
- キヌア 2 カップ
- オリーブオイル 大さじ 2
- 3 ニンジン；トリミングしてさいの目に切った
- 中赤玉ねぎ 1 個。さいの目に切った
- 刻んだクルミ 1 カップ。トーストした
- 新鮮なオレガノ大さじ 2。みじん切り
- 6 オンスのソフトゴートチーズ。崩れた
- 小さじ ½ 塩
- ¼ 小さじ新鮮な挽いたコショウ
- アンチョチソース

方向：

a) ガス炎でポブラノをローストします。中鍋でストックを沸騰させ、キヌアを加えてよくかき混ぜ、火を弱めて煮る．
b) 油を熱し、にんじんと玉ねぎを加える。料理。
c) にんじんの混合物をキヌアに移します。クルミ、オレガノ、チーズ、塩、コショウを入れてかき混

ぜます。各コショウにキノアの混合物を入れます。鍋に並べます。ピーマンをオーブンで温め、表面が少しカリッとなるまで 20 〜 30 分加熱します。

d) アンチョチリソースを作る。提供するには、各プレートにコショウを配置し、ソースで囲みます。

67. キヌアとフルーツの詰物

収量: 5 カップ

材料

- ¼ポンド フェンネルポークソーセージ
- 玉ねぎ 大1個（みじん切り）
- にんにく大1片（みじん切り）
- タルトグリーンアップル（大）1個
- 熟した梨 中1個 皮をむいてさいの目に切る
- ネーブルオレンジ 大1個
- ⅔カップ ドライスグリ
- ⅔カップ 焼きくるみ
- タイムの葉 大さじ1
- コリアンダーシード 小さじ1
- 調理したキヌア 3カップ

方向：

a) 大きなフライパンで、砕いたソーセージを中火で炒めます。取っておく
b) 同じフライパンに玉ねぎ、にんにくを入れて炒める。リンゴとナシをかき混ぜます。
c) オレンジを細かく切り、残ったソーセージを含む残りの材料と一緒にフライパンに加えます。かき混ぜてから、さらに2分間調理します。冷やすた

めに取っておきます。あらかじめ用意して冷蔵保存可能

68. キヌアとナッツのドレッシング

収量: 1食分

材料

- 調理したキヌア 1½カップ
- くるみまたはピーカンナッツ 大さじ 2
- みじん切り
- ヘーゼルナッツ 大さじ 2
- ピスタチオナッツ 大さじ 2
- みじん切りにしたミントの葉 2枚
- ⅓カップ エキストラバージンオリーブオイル
- レモン汁 大さじ 3
- 小さじ 1 黒胡椒

方向:

a) すべての材料をミキシング ボウルに入れ、詰め物やおかずとして使用する準備が整うまで放置します。

69. ピーマンのキノコ詰め

収量: 5 人前

材料

- キノア 1 カップ、すすぎ、ゆでる
- ピーマン大 4 個または中ピーマン 6 個
- 中タマネギ 1 個; さいの目に切った
- $\frac{1}{2}$ ポンドの新鮮なキノコ。スライスされた
- バター 大さじ 2
- トマト缶 28 オンス
- にんにく 2 片; 破砕されました
- 12 オンスのサルサ
- ドライシェリー 大さじ 2
- 10 オンスのモッツァレラチーズ

方向：

a) ピーマンを柔らかくなるまで蒸します。脇に置きます。
b) 大きなフライパンで、玉ねぎときのこをバターで炒めます。トマト、にんにく、サルサを加えます。中火で 10 分煮ます。シェリーを追加します。さらに 10 分煮る。キノアで折ります。
c) ピーマンをグラタン皿に入れます。ピーマンにキノアの混合物を入れます。これは混合物の約半分になります。

d) 残りは取っておいた汁で薄め、ピーマンにかける。ピーマンの上にチーズをのせる。325 F で焼く

70. キアヌ ブロッコリーラベ

収量: 5人前

材料

- キヌア 1 カップ
- 1 缶（14 1/2 オンス）チキンブロス
- エキストラバージンオリーブオイル 大さじ 2
- 玉ねぎのみじん切り 1/2 カップ
- にんにくのみじん切り 小さじ 1
- ブロッコリーラーベ 大 1 房
- 小さじ 1/4 みじん切り
- 赤唐辛子フレーク 小さじ 1/4

方向：

a) 焦げ付き防止のフライパンで中弱火で 5 分間、かき混ぜながらキノアをトーストします。中鍋でスープと水を沸騰させます。キノアをかき混ぜます。

b) 熱を中低に下げます。ふたをして、液体が吸収されてキノアが柔らかくなるまで 12〜15 分間煮ます。フォークで毛羽立ち、大きなボウルに移します。カバーして保温します。

c) 中程度の強火で大きな焦げ付き防止のフライパンで油を加熱します。玉ねぎとにんにくを加えます。3 分調理します。ブロッコリーラーベ、塩、赤唐辛子を入れてかき混ぜます。ブロッコリー ラーベが柔らかくなるまで 5〜7 分煮ます。キノアに野菜を混ぜます。

71. キノコ詰めスカッシュ

収量: 1 食分

材料

- どんぐりスカッシュ 6 個
- 水 6 カップ
- 炊いたワイルドライス 1 カップ
- 1 カップのキノア、すすぎ、調理
- 植物油 小さじ 2
- ねぎ 4 本。みじん切り
- セロリのみじん切り ½ カップ
- 乾燥セージ 小さじ 1
- ½ カップ ドライクランベリー
- ⅓ カップドライアプリコット；みじん切り
- ⅓ みじん切りピーカンまたはクルミ
- ½ カップのフレッシュオレンジジュース。3/4 まで
- 塩味

方向：

a) ベーキングディッシュまたはローストパンにスカッシュの半分をカット面を下にして並べます．柔らかくなるまで 25〜30 分焼きます。

b) 大きくて深いフライパンで、油を中火で熱します。ネギ、セロリ、セージを加える。ドライフルーツとナッツを加え、火が通るまでよくかき混ぜながら調理します。フォークを使用して、キノアとワイルド ライスをふんわりさせ、両方をフライパンに加えます。

c) オレンジジュースを加え、火が通るまで混ぜます。塩で味付け

72. キノアのタマネギ詰め

収量: 6人前

材料:

- 玉ねぎ 12個。皮をむいた
- ½カップのキノア; 調理済み
- 1カップ; 水
- 小さじ¼ シーソルト
- にんにく2片; みじん切り（オプション）
- きのこ½カップ; スライスされた
- セロリ½カップ; スライスされた
- コーンオイルまたはオリーブオイル 大さじ2
- ½カップのひよこ豆; 調理済み
- クルミ1カップ; ローストした
- しょうゆ 小さじ2
- 玄米酢 小さじ2

方向:

a) りんごの芯抜きでタマネギの内側をくり抜き、底をそのままにして内側を保存します。くりぬいたタマネギを柔らかくなるまで蒸し、3/4カップの調理液を取っておきます。

b) 予約したタマネギを細かく刻みます。みじん切りにした玉ねぎ、にんにく、きのこ、セロリを油で

15 分間、または柔らかくなるまで炒めます。キヌアとひよこ豆を混ぜ合わせ、加熱する（約 5 分）。

c) タマネギをキノアの混合物で満たします。醤油と酢を混ぜたフードプロセッサーでクルミを砕き、クリーミーな混合物を作る．予約した調理液にブレンドします。混合物を鍋に入れ、絶えずかき混ぜながら加熱します。詰めたタマネギの上に注ぎ、飾り、サーブします。

73. キヌアを詰めたトマト

収量: 4人前

材料：

- ビーフステーキ トマト 4個
- 塩
- 調理したキヌア 2 カップ
- カービィキュウリ 2本。
- ⅓カップ みじん切りの新鮮なパセリ
- ⅓カップ 刻んだフレッシュミント
- ねぎ 2本; 細かくスライス
- ¼カップのスープ
- フレッシュライムジュース 大さじ 2
- 新鮮なハラペーニョの唐辛子

方向：

a) くり抜かれたトマトの内側に塩をふり、ラックに逆さまにして水気を切ります。ボウルにキヌア、キュウリ、パセリ、ハーブ、ねぎを入れて混ぜる。スープ、ライムジュース、ハラペーニョペッパーでドレッシングを作り、野菜とキノアと和えます。塩こしょうで味を調えます。

b) トマトにサラダを詰めて、1人に 1個のトマトを提供します。

74. ハーブ詰めフレンチトースト

収量: 1 ロースト

材料：

- 2 オンスのバター
- 1 つの大きなタマネギ；スライスされた
- 8 オンスの未焙煎カシューナッツ
- 4 オンスの白パン。痂皮を取り除いた
- にんにく大 2 かけ
- 塩と挽きたての黒胡椒
- すりおろしたナツメグ
- レモン汁 大さじ 1
- 2 オンスのバター（またはマーガリン）
- 1 つの小さなタマネギ；すりおろし
- 小さじ 1/2 のタイム
- マジョラム 小さじ ½
- 1 オンスのパセリ；みじん切り

方向：

a) オーブンを 200C/400F/Gas Mark 6 に設定し、450 g/1 ポンドのローフ型に長いストリップのノンスティック ペーパーを並べます。バターの一部を使用して、ブリキと紙によくグリースを塗ります。残りのバターのほとんどを中型の鍋で溶かし、玉ねぎを加えて、焦げ目がつかない程度に柔らかくなるまで約 10 分間炒めます。火から下ろします。

b) カシューナッツをパンとにんにくと一緒にフードプロセッサーで粉砕し、タマネギに加え、水またはストック、塩、こしょう、すりおろしたナツメグ、レモン汁で味を調えます。詰め物の材料をすべて混ぜ合わせます。

75. キレンカ煮詰め卵

収量: 2 人分

材料:

- 固ゆで卵 大2個
- ナスタチウムの葉4枚と柔らかい茎。みじん切り
- ナスタチウムの花2個。細い帯状に切る
- 1小枝新鮮なチャービル; みじん切り
- 1小枝新鮮なイタリアン パセリ; 葉は細かく刻む
- ネギ1個; 白と薄緑の部分
- エクストラバージンオリーブオイル
- 細粒海の塩; 味わう
- 黒コショウ; 粗挽き、お好みで
- ナスタチウムの葉とナスタチウムの花

方向:

a) 黄身が固くなるまで卵を沸騰したお湯で固く調理します。各卵を縦半分に切り、卵黄を注意深く取り除きます。卵黄を小さなボウルに入れ、キンレンカの葉、茎、花、みじん切りにしたチャービル、パセリ、ネギを加えます。フォークでつぶし、オリーブオイルを適量加えてペースト状にする。海塩、こしょうで味を調える
b) 卵白に軽く塩をする

c) 卵黄とハーブの混合物で空洞をそっと満たします。上にコショウを挽く。お皿にキンレンカの葉を並べ、その上に卵の詰め物をのせます。

d) ナスタチウムの花を飾ります。

76. 香草とうもろこしホタテ

収量: 4 人前

材料：

- 卵 2 個
- クリームコーン 2 缶（2 ポンド）
- 牛乳 $\frac{1}{2}$ カップ
- 溶かしたマーガリン 大さじ 4
- 玉ねぎのみじん切り 大さじ 2
- 小さじ $\frac{1}{2}$ 塩
- コショウ小さじ $\frac{1}{4}$
- 2 カップ レディーミックスハーブ味付け詰め物

方向：

a) 中くらいのボウルに卵を軽く溶き、コーン、牛乳、バター、玉ねぎ、塩、こしょうを入れてかき混ぜます。油を塗った 8 カップのグラタン皿にコーンミックスの $\frac{1}{2}$ をスプーンで入れます。上から均一な層に詰め物を振りかけます。詰め物の上に残りのトウモロコシの混合物をスプーン

b) 350 度で 1 時間、または中心がほぼ固まるまで、まだ少し湿っているまで焼きます。

77. ファタヤ

材料：

生地の場合：
- 小麦粉 400g
- 1 C. スープオイル
- 卵1個、塩、こしょう

詰め物用：
- ハタ 200g
- 玉ねぎ 1個
- にんにく 2かけ
- 1株の魚
- 塩
- コショウ
- 1 b. トマト濃縮物
- トマト 1個
- 玉ねぎ 2個
- 酢
- キューブマギー
- ニンニク
- チリ

方向：

a) パステルの2時間前にペーストを準備することを検討してください．

b) ボウルに小麦粉、塩、卵、油、水を混ぜ合わせる。2〜3時間放置します。

c) 生地をこね、小さな円盤状に広げます
d) 皮をむき、魚を切る。鍋で、玉ねぎ、パセリ、魚、みじん切りにんにくをピーナッツ オイルで煮ます。塩こしょうを加える。粗みじん切りの胡椒を入れる。
e) フライパンで、濃縮トマトと粗く刻んだトマトを玉ねぎ、にんにく、みじん切りにしたパセリを油で炒めます。コショウ、キューブ、少量の水を加えます。軽く混ぜて、味わい始めます。
f) 生地をディスクに詰め、2つ折りにして端をフォークで閉じる。パステルを油浴で数分間揚げます。

78. ふわふわあらドナル

材料

- 黒目エンドウ豆またはハニービーンズ 2 カップ (きれいにして皮をむき、1～2 時間浸す)
- ハバネロペッパー 1 個
- 玉ねぎ 大 1 個（混ぜ合わせ用に切る）
- 味に塩またはブイヨン パウダー。
- 3/4 カップの水
- 食用油（揚げ物用） 3 カップ

方向

a) 浸した豆をブレンダーに移し、タマネギ、コショウ、水 3/4 カップを加えます。滑らかになるまでブレンドします。泡だて器付きのスタンドミキサーのボウルに生地を移す。

b) 塩を加えて約 6 分間生地を泡立て、混合物に空気を含ませます．

c) 生地を泡立てている間に、揚げ油を熱します。

d) 油が熱くなったら、熱くなった油に指が触れないように注意しながら手で生地をすくい取ります。

e) きつね色になるまで炒めます。アカラのボールが均等に茶色になるように、アカラを反対側にひっくり返すことを忘れないでください．

f) 余分な油を吸収するために、キッチン ペーパータオルを敷いたフライ バスケットに移します。

79. ハマグリ詰めキノコのキャップ

材料：

- バター 1/2 c
- 2 ポンド。直径 1-1/2 インチから 2 インチのキノコ
- 1 c あさりのすり身、液体
- にんにく 1 片（みじん切り）
- 1/2 c 乾燥パン粉
- 1/3 c パセリのみじん切り
- 塩 小さじ 3/4
- 小さじ 1/4 の黒コショウ
- レモン汁

方向：

a) ソースパンにバターを溶かします。

b) キノコの茎を取り除き、さいの目に切る。きのこの帽子をバターに浸し、丸めた面を下にして、クッキングシートのラックに置きます。

c) あさりの水気を切り、液体をとっておく。

d) 溶かしバターでキノコの茎とにんにくを炒めます。あさり液を加え、きのこの茎が柔らかくなるまで煮る。火からおろし、パン粉、パセリ、塩、こしょうを加えてかき混ぜます。

e) 混合物をマッシュルームキャップにスプーンで入れます。きのこが柔らかくなり、上部が軽く焦げ目がつくまで、約 6 インチの火から約 8 分間焼き

ます。それぞれに数滴のレモン汁を振りかけ、熱いうちに出します．

80. タコ足ラム

材料：

- 子羊の脚 4 ポンド
- 1 タラゴン
- 油 大さじ 1
- 玉ねぎ 1 個（みじん切り）
- 辛口白ワイン 1 1/4 c
- 1 x 塩コショウ お好みで
- 2/3 c クリーム

方向：

a) 子羊のもも肉は皮をむき、外側の脂肪をすべて取り除く。
b) 肉に十字に深く切り込みを入れ、その隙間にタラゴンを詰める。肉を油でこすり、タマネギで覆います。
c) マリネ用の適切な皿に置き、上から白ワインを注ぎます。
d) 塩、こしょうで味を調え、ときどきぬるま湯で約 2 時間マリネする。
e) 子羊をマリネと一緒に華氏 325 度でローストします。頻繁にバスト。
f) 肉が調理される 10 分前に、マリネと肉汁を鍋に注ぎます。
g) 肉汁を勢いよく沸騰させて、元の量の半分に減らします。
h) 肉を薄切りにし、肉汁をマリネに加える。
i) お皿に肉を並べ、あら熱をとる。

j) グレイビーソースを火からおろし、クリームを加えてかき混ぜ、中くらいの固さになるまでゆっくりと再加熱します。子羊にソースを注ぎ、提供する準備が整うまで温めておきます.

81. カシュ詰めのコーニッシュゲムヘン

材料：

- ロック コーニッシュ ゲーム鶏 2 羽
- レモン 1/2 個
- 塩とコショウ
- ベーコン 4 枚
- 赤ワイン 3/4 カップ

カシャの詰め物：

- そば粉 1 カップ
- 卵 1 個（軽く溶きほぐす）
- ベーコン 3 枚（一口大に切る）
- バター 大さじ 2
- 中玉ねぎ 1 個（みじん切り）
- にんにく 1 かけ（みじん切り）
- ピーマン 1/2 個（みじん切り）
- 1/4 ポンドのキノコ（みじん切り）
- 小さじ 1 杯のオレガノ
- 小さじ 1/2 のセージ
- 塩とコショウの味

方向：

a) 鳥の内側と外側をレモンでこすり、塩と挽きたてのコショウをよく振りかけます。
b) オーブンを予熱します (華氏 450 度)。
c) 空洞をカシャの詰め物で埋めます。開口部を串で塞ぐ。

d) 開いたローストパンのラックに鳥を胸側を上にして置き、胸をベーコンで覆います。**15**分間冷却します。

e) 熱を華氏**325**度に下げ、赤ワインを加えます。**35～40**分間ローストし、頻繁に(できれば**15**分ごとに)しつけをします。必要に応じてワインを追加します。

f) カシャの詰め物:

g) ひき割り粉を溶き卵と混ぜます。強火でフライパンに追加します。粒が分離するまで絶えずかき混ぜてから、沸騰したお湯を加えます。

h) 鍋に蓋をして火を弱め、**30**分煮る。

i) その間に別の大きなフライパンでベーコンを炒めます。

j) ベーコンに少し焼き色がついたら、片側に寄せてバターを入れる。

k) これをジュージュー鳴らして、玉ねぎ、にんにく、ピーマン、きのこを加えます。絶え間なくかき回す。

l) オレガノ、セージ、塩、こしょうを加える。火を弱め、調理したひき肉を加えます。よく混ぜ、調味料を調整し、火から下ろします。

m) カシャはしばしばそば粉と呼ばれます。そばの実を焙煎したもので、ナッツのような香ばしさが特徴です。

82. 詰め焼きセイタンロースト

材料：

- 1 基本のセイタン煮、未調理
- オリーブオイル 大さじ 1
- 黄タマネギ 1 個（みじん切り）
- みじん切りにしたセロリのリブ 1 本
- [1]ドライタイム 小さじ 2/2
- [1]乾燥セージ 小さじ 2/2
- [1]水 ／2 カップ、または必要に応じてそれ以上
- 塩と挽きたての黒胡椒
- 焼きたてのパン 2 カップ
- [1]みじん切りにした新鮮なパセリ ／4 カップ

方向：

a) 生のセイタンを軽く打ち粉をした作業面に置き、軽く打ち粉をした手で平らになり、約 1/2 インチの厚さになるまで伸ばします．

b) 平らにしたセイタンを 2 枚のラップまたはクッキングペーパーの間に置きます。めん棒を使ってできるだけ平らにします (弾力性と抵抗力があります)。1 ガロンの水または缶詰で重さを量った天板を上に置き、詰め物を作る間休ませます．

c) 大きなフライパンで、油を中火で熱します。玉ねぎとセロリを加える。ふたをして、柔らかくなるまで10分間調理します。タイム、セージ、水、塩コショウで味を調えます。

d) 火から下ろし、脇に置きます。大きなミキシングボウルにパンとパセリを入れます。タマネギの混合物を加えてよく混ぜます。詰め物が乾燥しすぎている場合は、水を少し追加します。味見をして、必要に応じて調味料を調整してください。必要であれば。脇に置きます。

e) オーブンを350°Fに予熱します。9 x 13インチの天板に軽く油を塗り、脇に置きます。平らにしたセイタンを麺棒で約1/4インチの厚さになるまで伸ばします. 餡をセイタンの表面に広げ、丁寧にまんべんなく巻く。準備したベーキングパンにローストシーム側を下にして置きます. ローストの上部と側面に少量の油をこすりつけて焼き、45分間蓋をしてから、蓋を開けて、しっかりと光沢のある茶色になるまで約15分間焼きます.

f) オーブンから取り出し、スライスする前に10分間置いておきます。鋸歯状のナイフを使用して、1/2インチのスライスに切ります。

83. セイタン アン クルート

4人分

材料：

- オリーブオイル 大さじ1
- エシャロット 中2個（みじん切り）
- オンスの白いキノコ、みじん切り
- ^{1}マデイラ /4 カップ
- 新鮮なパセリのみじん切り 大さじ1
- ^{1}ドライタイム 小さじ 2/2
- 1/ ティースプーン 2 杯のドライセイボリー
- 細かく刻んだ乾燥ブレッド 1 カップ
- 塩と挽きたての黒胡椒
- 解凍した冷凍パイシート 1 枚
- (厚さ 1/4 インチ) セイタン スライス

方向：

a) 大きなフライパンで、油を中火で熱します。エシャロットを加え、柔らかくなるまで約 3 分煮ます。きのこを加え、ときどきかき混ぜながら、きのこが柔らかくなるまで、約 5 分間調理します。

b) マディエラ、パセリ、タイム、セイボリーを加え、液体がほぼ蒸発するまで調理します。角切りパンを入れて混ぜ合わせ、塩こしょうで味を調える。冷やすために取っておきます。

c) パイシートを平らな作業面に大きなプラスチック フィルム ラップの上に置きます。その上に別のラップをかぶせ、めん棒を使ってペストリーを少し伸ばして滑らかにします。ペストリーを四分の一に切ります。各ペストリーの中央にセイタンを 1 枚置きます。

d) その中に餡を分けて、セイタンを覆うように広げます。それぞれに残りのセイタンスライスをのせます。ペストリーを折りたたんでフィリングを包み込み、端を指で圧着して密封します。ペーストリーのパッケージを継ぎ目を下にして、油を塗っていない大きな天板に置き、冷蔵庫で 30 分間冷やします。

e) オーブンを 400°F に予熱します。地殻がきつね色になるまで、約 20 分間焼きます。

f) すぐにサーブします。

84. 揚げ出し豆腐

材料：

- 木綿豆腐 1/2 ポンド
- 2 オンスの調理済みエビ、皮をむき、背わたを取り除く
- ⅛小さじ一杯の塩
- コショウ
- コーンスターチ 小さじ¼
- ½カップのチキンスープ
- 小さじ½ 中国のライスワインまたはドライシェリー
- ¼カップの水
- オイスターソース 大さじ2
- 炒め用油 大さじ2
- ねぎ1本、1インチの小片に切る

方向：

a) 豆腐の水気を切る。エビを洗い、ペーパータオルで水気をふき取ります。エビを塩、コショウ、コーンスターチで15分間マリネします。

b) 包丁をまな板と平行に持ち、豆腐を縦半分に切る。それぞれの半分を2つの三角形に切り、各三角形をさらに2つの三角形に切ります。これで8つの三角形ができたはずです。

c) 豆腐は片面を縦に切ります。小さじ1/4〜1/2のえびを切り込みに詰めます。

d) 予熱した中華なべまたはフライパンに油を入れます。油が熱くなったら豆腐を入れる。豆腐を約3〜4分間焦がし、少なくとも1回裏返し、鍋の底にくっつかないようにします．エビが残っている場合は、調理の最後の瞬間に加えてください。

e) 鶏がらスープ、こんにゃく酒、水、オイスターソースを中華鍋の真ん中まで入れる。沸騰させる。火を止めて蓋をし、5〜6分煮る。ネギをかき混ぜます。熱いうちに。

85. 豚入り豆腐角

材料：

- 木綿豆腐 1/2 ポンド
- 1/4 ポンドの豚ひき肉
- 1/8 小さじ一杯の塩
- コショウ
- 小さじ 1/2 中国のライスワインまたはドライシェリー
- 1/2 カップのチキンスープ
- 1/4 カップの水
- オイスターソース 大さじ 2
- 炒め用油 大さじ 2
- ねぎ 1 本、1 インチの小片に切る

方向：

a) 豆腐の水気を切る。豚ひき肉を中くらいのボウルに入れます。塩、こしょう、こんにゃく酒を加える。豚肉を 15 分間マリネします。

b) 包丁をまな板と平行に持ち、豆腐を縦半分に切る。それぞれの半分を 2 つの三角形に切り、各三角形をさらに 2 つの三角形に切ります。これで 8 つの三角形ができたはずです。

c) 各豆腐の三角形の端の 1 つに沿って縦に分割をカットします。切り込みに豚ひき肉を小さじ 1/4 山盛り入れる。

d) 予熱した中華なべまたはフライパンに油を入れます。油が熱くなったら豆腐を入れる。豚ひき肉が余ったら、それも加えてください。豆腐を約3〜4分間焦がし、少なくとも1回裏返し、鍋の底にくっつかないようにします．

e) 鶏がらスープ、水、オイスターソースを中華鍋の真ん中に入れる。沸騰させる。火を止めて蓋をし、5〜6分煮る。ネギをかき混ぜます。熱いうちに。

86．豆腐のクレソン詰め

4人分

材料：

- 1ポンドの超硬豆腐、水気を切り、3/4インチのスライスに切り、プレスします (参照あっさり野菜スープ)
- 塩と挽きたての黒胡椒
- クレソン1束、固い茎を取り除き、みじん切りにする
- 完熟プラムトマト2個、みじん切り
- みじん切りネギ 1/2カップ
- 新鮮なパセリのみじん切り 大さじ2
- フレッシュバジルのみじん切り 大さじ2
- にんにくのみじん切り 小さじ1
- オリーブオイル 大さじ2
- バルサミコ酢 大さじ1
- 砂糖をひとつまみ
- 中力粉 2カップ
- 1/2カップの水
- 1 1/2カップ乾燥した味付けされていないパン粉

方向：

a) 豆腐の各スライスの側面に長い深いポケットを切り取り、豆腐を天板に置きます。塩、こしょうで味をととのえ、置いておく。

b) 大きなボウルに、クレソン、トマト、ねぎ、パセリ、バジル、にんにく、油大さじ 2、酢、砂糖、塩、こしょうを入れて味を調えます。よく混ざるまで混ぜ、豆腐のポケットに慎重に詰めます。

c) 小麦粉を浅いボウルに入れます。別の浅いボウルに水を注ぎます。パン粉を大きな皿に置きます。豆腐に小麦粉をまぶし、丁寧に水につけてからパン粉をまぶし、しっかりとコーティングする。

d) 大きなフライパンで、残りの大さじ 2 杯の油を中火で加熱します。豆腐の詰め物をフライパンに加え、きつね色になるまで一度ひっくり返し、片面 4〜5 分焼きます。すぐにサーブします。

87. ほうれん草のマニコッティ

4人分

材料：

- 12 マニコッティ
- オリーブオイル 大さじ 1
- エシャロット 中 2 個（みじん切り）
- 1 (10 オンス) パッケージの冷凍ほうれん草のみじん切り、解凍
- 1 ポンドの超堅豆腐、水気を切って砕いた
- ナツメグ 小さじ 4 分の 1
- 塩と挽きたての黒胡椒
- トーストしたクルミ片 1 カップ
- 豆腐 1 カップ、水気を切って砕く
- ニュートリショナルイースト 4 カップ
- 無糖無糖豆乳 2 カップ
- 乾燥パン粉 1 カップ

方向：

a) オーブンを 350°F に予熱します。9 x 13 インチのグラタン皿に軽く油を塗ります。沸騰した塩水の鍋で、マニコッティを中火から強火で時々かき混ぜながら、アルデンテになるまで約 10 分間調理します。よく水気を切り、冷水にさらす。脇に置きます。

b) 大きなフライパンで、油を中火で熱します。エシャロットを加え、柔らかくなるまで約 5 分間煮ます。ほうれん草を絞って水分をできるだけ取り除き、エシャロットに加えます。ナツメグと塩コショウで味を調え、かき混ぜながら 5 分間調理して味をなじませます。木綿豆腐を加えてよく混ぜ合わせる。脇に置きます。

c) フードプロセッサーでクルミを細かく砕きます。白湯豆腐、ニュートリショナルイースト、豆乳、塩、こしょうで味をととのえる。滑らかになるまで処理します。

d) 準備したグラタン皿の底にくるみソースを敷き詰めます。マニコッティに詰め物を詰めます。グラタン皿に詰めたマニコッティを単層に並べます。残りのソースを上からかけます。ホイルで覆い、熱くなるまで約 30 分間焼きます。ふたを開けてパン粉をまぶし、さらに 10 分焼いて表面に薄く焼き色をつける。すぐにサーブします。

88. オレンジソースのカッペテリーニ

4人分

材料：

- オリーブオイル 大さじ1
- 細かく刻んだにんにく 2片
- 水切りして砕いた木綿豆腐 1カップ
- みじん切りの新鮮なパセリ 3/4カップ
- 1/4カップのビーガン パルメザン チーズまたはパルマシオ
- 塩と挽きたての黒胡椒
- 1 卵不使用パスタ生地
- マリナラソース 2.5カップ
- オレンジの皮 1個分
- 1 砕いた赤唐辛子 小さじ 2/2
- 1 2カップのソイクリーマーまたは無糖のプレーン豆乳

方向：

a) 大きなフライパンで、油を中火で熱します。にんにくを加え、柔らかくなるまで約1分間煮ます。豆腐、パセリ、パルメザンチーズ、塩、黒胡椒で味を調えます。

b) よく混ざるまで混ぜます。冷やすために取っておきます。

c) トルテリーニを作るには、生地を薄く(約1/8インチ)伸ばし、2と1/2インチの正方形に切ります。小さじ1杯の詰め物を中心からずらして置き、パスタの四角形

の 1 つの角を詰め物の上に折り畳んで三角形を形成します．

d) 端を一緒に押してシールし、三角形を中心点を下にして人差し指の周りに巻き付け、端を一緒に押して貼り付けます．三角形のポイントを下に折り、指をスライドさせます。軽く打ち粉をした皿に取り分け、残りの生地とフィリングを続けます。

e) 大きな鍋に、マリナラソース、オレンジの皮、砕いた赤唐辛子を混ぜ合わせます。熱くなるまで加熱し、ソイクリーマーをかき混ぜて、非常に弱火で保温します。

f) 沸騰した塩水を入れた鍋で、トルテリーニが上に浮き上がるまで約 5 分間調理します。よく水気を切り、大きなサービングボウルに移します。ソースを加えて軽く混ぜ合わせます。すぐにサーブします。

89. アーティチョークとクルミのラビオリ

4 人分

材料：

- 1/3 カップと大さじ 2 のオリーブ オイル
- みじん切りにしたにんにく 3 片
- 1 (10 オンス) パッケージの冷凍ほうれん草、解凍して絞って乾かします
- 解凍してみじん切りにした冷凍アーティチョーク 1 カップ
- 水切りして砕いた木綿豆腐 1/3 カップ
- トーストしたクルミ片 1 カップ
- ぎゅっと詰めた新鮮なパセリ 1/4 カップ
- 塩と挽きたての黒胡椒
- 1 卵不使用パスタ生地
- 新鮮なセージの葉 12 枚

方向：

a) 大きなフライパンで、大さじ 2 杯の油を中火で熱します。にんにく、ほうれん草、アーティチョークのハートを追加します。ふたをして、時々かき混ぜながら、にんにくが柔らかくなり、液体が吸収されるまで約 3 分間調理します。

b) 混合物をフードプロセッサーに移します。豆腐、くるみ 1/4 カップ、パセリ、塩コショウを加えて味を調えます。みじん切りにし、完全に混合するまで処理します。

c) 冷やすために取っておきます。

d) ラビオリを作るには、軽く打ち粉をした表面で生地を非常に薄く(約 1/8 インチ) 伸ばし、幅 2 インチのストリップに切ります。小さじ 1 杯の詰め物をパスタストリップの上から約 1 インチのところに置きます．小さじ 1 杯のフィリングを、最初のフィリングの約 1 インチ下のパスタストリップに置きます。生地ストリップの全長に沿って繰り返します。

e) 生地の端を水で軽く濡らし、最初のパスタの上に 2 番目のパスタを置き、フィリングを覆います．

f) フィリングの部分の間で生地の 2 つの層を一緒に押します。ナイフを使用して生地の側面を整えてまっすぐにし、フィリングの各山の間で生地を横切って切り、四角いラビオリを作ります。フォークの先を使って生地の端に沿って押し、ラビオリを密封します。ラビオリを打ち粉をした皿に移し、残りの生地とフィリングで繰り返します。

g) 沸騰した塩水を入れた大きな鍋で、ラビオリが浮き上がるまで、約 7 分間調理します。よく水気を切り、置いておきます。大きなフライパンで、残りの 1/3 カップの油を中火で加熱します。セージと残りの 3/4 カップのクルミを加え、セージがカリカリになり、クルミが香ばしくなるまで調理します。

h) 火が通ったラビオリを加えて軽く混ぜながらソースをからめ、火にかけます。すぐにサーブします。

90. 手羽の詰物

材料：

- 手羽先 10 枚
- 干し椎茸 2 個
- 水気を切った 8 オンス缶のタケノコ $\frac{1}{2}$
- $\frac{1}{2}$ カップの豚ひき肉
- しょうゆ 大さじ $\frac{1}{2}$
- 中国産ライスワインまたはドライシェリー 大さじ $\frac{1}{2}$
- ごま油小さじ $\frac{1}{4}$
- 塩とコショウの味

方向：

a) 手羽先を洗い、軽くたたいて乾かします。真ん中の部分を切り取り、ドラムメットを捨てます。果物ナイフを取り、ドラムメットに取り付けられた中央部分の端から始めて、皮を切らないように注意しながら、中央部分の 2 つの骨から慎重に肉をこすり落とします。肉がそぎ落とされたら、中央部の 2 本の骨を引っ張って取り除きます。これにより、物を入れるポーチが提供されます。

b) 干し椎茸は熱湯に 20 分以上浸して柔らかくする。きのこを軽く絞って余分な水分を

取り除きます。薄切りにします。たけのこの千切り。

c) 豚肉を中くらいのボウルに入れます。醤油、こんにゃく酒、ごま油、塩こしょうを手で混ぜ合わせます。

d) 豚肉の小さなボールを取り、鶏肉の皮の中に入れます。竹のスライス2枚ときのこのスライス2枚を加えます。手羽先の残りを続けます。

e) 手羽先を耐熱皿にのせ、中華鍋のせいろで約20分、または豚肉に火が通るまで蒸します。

91. 地中海風ミートボールの詰物

成分

- なす 1 個（皮をむき、角切りにする）
- 4 トマト、皮をむき、みじん切りにする
- フレッシュパセリ 大さじ 4
- 塩とコショウ
- にんにく、玉ねぎ、ピーマン
- タイムとナツメグ
- ½ カップのチキンストック
- ひき肉 1.5 ポンド
- 食パン 2 枚
- ⅓ カップ パルメザンチーズ
- 卵 1 個
- ブロッコリー、カリフラワー、ズッキーニ
- スパゲッティまたは他のパスタ

方向：

a) ソースの準備：にんにくをオリーブオイルで炒めます。玉ねぎを加えてさらに炒めます。

b) ピーマン、ズッキーニ、なす、トマトを加える。調理を続けます。次に、パセリ、塩、こしょう、タイム、チキン ストックを加えます。

c) 溶かしバター、塩、こしょうを加え、ひとまとめにする。

d) ボールを作り、各ボールの中央に湯通しした野菜を押し付けます。

e) 玉子を卵、パン粉の順にくぐらせ、きつね色になるまで6〜8分揚げる。

92. ミートボールのオリーブ詰め

成分

- バター 大さじ 1
- みじん切りにしたタマネギ 1 カップ
- にんにく小 2 片（みじん切り）
- ひき肉 $1\frac{1}{4}$ ポンド
- $\frac{1}{2}$ カップ 柔らかいパン粉
- パセリ $\frac{1}{2}$ カップ、みじん切り
- 大きな卵 1 個と生クリーム 1 カップ
- グリーンオリーブの詰め物 16 個
- $\frac{1}{4}$ カップ ピーナッツオイル
- 小麦粉 大さじ 3
- $\frac{1}{2}$ カップ辛口白ワインと $1\frac{1}{2}$ カップのチキンブロス
- トマトペースト 大さじ 1
- ディジョンマスタード 大さじ 1

方向：

a) 玉ねぎとにんにくを炒めます。肉をミキシング ボウルに入れ、調理した玉ねぎとにんにく、パン粉、パセリ、卵、生クリームの半分、ナツメグを加えます。よく混ぜます。16等分に分けます。

b) オリーブを封印しながらボールを準備します。

c) 約5〜10分、均等に茶色になるように頻繁に回転させながら調理します。

d) 小麦粉を入れて混ぜ、ワインを加える。かき混ぜながら約1分間調理します。ミートボールを追加します。

e) 残りのクリームとマスタードをソースに混ぜます。

93. ザワークラウトボール

成分

- みじん切りにしたタマネギ 中 1 個
- バター 大さじ 2
- スパム（グラウンド）1 缶
- コンビーフのひき肉 1 カップ
- ガーリックソルト 小さじ $\frac{1}{4}$
- マスタード 大さじ 1
- パセリのみじん切り 大さじ 3
- ザワークラウト 2 カップ
- ⅔ カップ 小麦粉
- 1/2 カップのビーフ ストックまたはブイヨン キューブを水 1/2 カップに溶かす
- よく溶いた卵 2 個
- $\frac{1}{2}$ カップのパン粉
- コショウ 小さじ $\frac{1}{8}$

方向：

a) 玉ねぎをバターで炒め、スパム、コンビーフを加える。5分間調理し、よくかき混ぜます。ガーリックソルト、マスタード、パセリ、コショウ、ザワークラウト、小麦粉 $\frac{1}{2}$ カップ、ビーフストックを加えます。よく混ぜます。10分間調理します。

b) 大皿に広げて冷ます。小さなボールに成形します。小麦粉をまぶし、卵にくぐらせ、パン粉をまぶします。375度の高温の油できつね色になるまで揚げます。

94. 七面鳥ミートボールの詰物

成分

- 牛乳 ½ カップ
- 卵 1 個
- コーンブレッドの詰め物ミックス 1 カップ
- ¼ カップ 細かく刻んだセロリ
- 乾燥マスタード 小さじ 1
- 七面鳥のひき肉 1 ポンド
- 16 オンス缶のクランベリーソースゼリー
- ブラウンシュガー 大さじ 1
- ウスターソース 大さじ 1

方向：

a) オーブンを華氏 375 度に加熱します。大きなボウルに牛乳と卵を混ぜます。よく打つ。

b) 詰め物、セロリ、マスタードを混ぜます。よくブレンドします。七面鳥を追加します。よく混ぜます。

c) 48 (1インチ)のボールに成形します。油を塗っていない15x10x1インチのベーキングパンに入れます。

d) 375度で20〜25分間、またはミートボールが茶色になり、中心がピンク色でなくなるまで焼きます。

e) その間、大きな鍋にすべてのソースの材料を混ぜ合わせます。よく混ぜます。中火で沸騰させます。熱を弱めます。時々かき混ぜながら5分間煮ます。ミートボールをソースに加えます。軽くかき混ぜてコーティングします。

95. チーズ入りミートボール

成分

- オリーブオイル 大さじ1
- 玉ねぎのみじん切り 大さじ2
- 赤身の牛ひき肉または七面鳥肉 8オンス
- しょうゆ 大さじ1
- 乾燥セージ 小さじ$\frac{1}{4}$
- 4オンスのチェダーチーズまたはスイスチーズ。8個の立方体に切る

方向：

a) オーブンを325Fに予熱します。

b) 浅いベーキングパンに少量のオリーブオイルまたはパンスプレーで油をさします。

c) フライパンに油を熱し、煙が出なくなるまで中火で熱します。玉ねぎを加え、きつね色になるまで約10分間炒めます。

d) 玉ねぎ、牛肉、しょうゆ、しょうゆを混ぜ合わせます。混合物を8つの部分に分けます。チーズの塊を取り、混合物の一部で覆い、ミートボールの形を作ります．これを

繰り返して合計8個のミートボールを作ります。

e) ミートボールを油をひいたフライパンに入れ、30分焼きます。

96. チキンサラダボール

成分

- 鶏肉のみじん切り 1 カップ
- 玉ねぎのみじん切り 大さじ 1
- ピメントス大さじ 2; みじん切り
- マヨネーズ $\frac{1}{2}$ カップ
- 刻んだピーカン 1 カップ

方向：

a) 全体を混ぜてよく混ぜます。4 時間冷やす。

b) 1 インチのボールに成形します。

97. マイクログリーンのオムレツ

2人前

材料

- 卵白 2 個
- 塩ひとつまみ
- 黒胡椒をひとつまみ
- 植物性ミルク 小さじ 2

方向

- ミキシングディッシュで、卵白 2 個と小さじ 2 杯の牛乳を一緒に泡だて器で混ぜます。
- クッキングスプレーを少し塗ったフライパンで、中弱火で卵を調理します。
- 卵に塩、こしょうをふり、焼き色がついたらひっくり返します。
- 半分に折り、スライスしたアボカド、砕いた山羊のチーズ、新鮮なマイクログリーンを詰めた皿に盛り付けます．

98. ルッコラのさまいも詰物

サービング：1

材料

- 焼き芋 ½個
- 卵 2 個
- マイクロ ルッコラ 1/2 カップ、みじん切り
- 塩とコショウ
- オリーブオイルの霧雨

方向

a) 青菜にオリーブオイルを軽くまぶし、塩少々で味をととのえる。

b) フライパンまたはグリドルを中強火で予熱します。

c) フライパンが熱くなったら、オリーブオイルを加えて 30 秒ほど炒め、サツマイモを入れる。

d) 縁に焼き色がつくまで焼いたらひっくり返します。

e) サツマイモのスライスをフライパンから取り出し、用意した野菜の上にまっすぐに置きます。

f) 次に、フライパンで卵を2つ割ります。

g) 卵を焼いている間に、塩、こしょうで味をととのえる。

h) オレガノやタイム、砕いた赤唐辛子などのハーブをふりかけると、風味が少し増します。

i) サツマイモのスライスの上に卵を置きます。

j) 取っておいた野菜を飾ります。

99. マイクログリーン詰めズッキーニロール

6人前

材料

- ミント、パセリ、チャイブ、タラゴン、オレガノ、バジルなどの混合ハーブ 4カップ
- にんにく 2かけ
- ロースト、塩漬けアーモンド 1/2カップ
- すりおろしたパルミジャーノ・レッジャーノ 1/4カップ
- レモンの皮
- レモン汁 大さじ2
- オリーブオイル 1/2カップ
- 縦にスライスしたズッキーニ 5〜6本
- リコッタチーズ 1カップ
- 塩と挽きたての黒胡椒
- ミントの葉の束

方向

a) 最初にハーブペストを作る：ハーブ、にんにく、アーモンド、すりおろしたチーズ、レモン汁、レモンの皮をフードプロセッサーに入れます。プロセッサの実行中にフィードチューブを介してオリーブオイルを

ゆっくりと追加します。混合物が比較的滑らかになるまで処理します。

b) 外グリルまたはグリルパンを中火に予熱します。

c) ズッキーニのストリップの両面に少量のオリーブ オイルを塗り、塩で味付けします。

d) 片面約1分、または柔らかくなり焦げ目がつくまで焼きます。

e) 小さなミキシング ディッシュで、リコッタ チーズとたっぷりのペストを混ぜ合わせ、塩とコショウで味付けします。

f) 作業面にズッキーニのストリップを1つ置きます。ストリップ上のリコッタチーズの混合物の部分の上にミントの葉を置きます.

g) ズッキーニのストリップを巻き上げた後、つまようじで固定します。すべてのズッキーニのストリップが利用されるまで繰り返します。

h) 少し冷やして、または室温でお召し上がりください。

100. マイクログリーンのジャガ芋巣

12個の巣ができます

材料：

ジャガイモの巣：

- 柔らかくしたバター 大さじ1
- オリーブオイル 大さじ1
- 玉ねぎ ½ みじん切り
- にんにく 1片（みじん切り）
- 1ポンドのユーコン ポテト、皮をむいて千切り
- 砕いたコティヤチーズ 9オンス

チポトレドレッシング：

- 低脂肪サワークリーム 1カップ
- アドボのチポトレ 1個
- アドボソース 大さじ2
- にんにく 1片
- キーライム 1個

- チキンブイヨンパウダー 小さじ $\frac{1}{8}$

トッピング：

- 大根の芽やベビールッコラなどのマイクログリーン 2 カップ

- グレープトマト 6 個（半分に切る）

- 2 オンスのスモークサーモン、スライス

方向：

a) オーブンを華氏 350 度に予熱します。

b) 12 カップのマフィントレイにたっぷりとバターを塗ります。

c) 大きなフライパンに油を中火で熱し、玉ねぎとにんにくを入れる。

d) 細切りポテトを入れます。混ぜる。Cotija チーズをかき混ぜます。合計 7 分間調理します。

e) マフィンカップに均等に分け、スプーンで押さえます。

f) 30分間、またはきつね色になるまで焼きます。

g) ブレンダーで、チポトレ ドレッシングのすべての材料を混ぜ合わせます。完全に滑らかになるまでブレンドします。

h) サービングトレイにジャガイモの巣を置きます。マイクログリーンとドレッシングをふりかけます。

結論

食べ物にできる最もおいしくて簡単なことの 1 つは、同じように、またはよりおいしい別の食べ物を「詰め込む」ことです。フィリングに肉、チーズ、野菜、または穀物やファロなどのまったく異なるものが含まれているかどうかに関係なく、ある食品を別の食品に詰めても問題はありません．チキンとピーマンの詰め物から、どんぐりスカッシュを詰めたカボチャのリゾットまで、このクックブックにはすべてが含まれています．

詰め物の芸術は、休日のためだけに取っておくべきではありません．これらの創造的なレシピは、さまざまな材料と食感を組み合わせて 1 つの楽しい料理にする方法を示しています。

www.ingramcontent.com/pod-product-compliance
Lightning Source LLC
Chambersburg PA
CBHW070641120526
44590CB00013BA/814